Melanie Pesendorfer

Liebe
ist kein
Weihnachts-
geschenk

novum pro

www.novumverlag.com

Bibliografische Information
der Deutschen Nationalbibliothek:

Die Deutsche Nationalbibliothek
verzeichnet diese Publikation in
der Deutschen Nationalbibliografie.
Detaillierte bibliografische Daten
sind im Internet über
http://www.d-nb.de abrufbar.

Alle Rechte der Verbreitung,
auch durch Film, Funk und Fernsehen,
fotomechanische Wiedergabe,
Tonträger, elektronische Datenträger
und auszugsweisen Nachdruck,
sind vorbehalten.

© 2020 novum Verlag

ISBN 978-3-99064-971-8
Lektorat: K. Kulin
Umschlagfotos: Dhujmontra,
Siarhei Dzmitryienka,
Oksana Ryzhinskaya | Dreamstime.com
Umschlaggestaltung, Layout & Satz:
novum Verlag

Gedruckt in der Europäischen Union
auf umweltfreundlichem, chlor- und
säurefrei gebleichtem Papier.

www.novumverlag.com

Kapitel 1

Es war der 12. Dezember. Darana, Marissa und ich fuhren über Weihnachten in die Berge, in eine alte Hütte, umgeben von Schnee. Wir fuhren schon seit Stunden. Marissa und ich mussten langsam auf die Toilette, deswegen fuhren wir zu einer Tankstelle und rannten schnell aufs Klo, weil es anfing zu schneien. Es war eine Unisex-Toilette, deswegen standen wir an. Als ich mir die Hände wusch, nahm ich mein Armband ab, weil ich wusste, dass es nicht nass werden darf, sonst würde es rosten, es war schon ganz alt, ein Familienerbstück. Als ich fertig war, gingen Marissa und ich wieder zurück, als plötzlich so ein Vollidiot in mich reinlief. Okay, eigentlich rannte ich in ihn rein, aber das wollte ich nicht gleich zugeben. „Hey, pass doch auf!", rief ich. „Pass du doch auf, du bist in mich reingerannt", meinte der dunkelblonde, gut aussehende, aber auch leicht nerdig wirkende Junge. „Schon gut, Entschuldigung und frohe Weihnachten!", sagte ich und ging zurück zum Auto. Marissa, die während der kurzen Unterhaltung schon vorgegangen war, kam mir entgegen und sagte: „Uh, der war aber niedlich. Wer ist das?" „Keine Ahnung, ich hab mich entschuldigt und bin gegangen." „Da seid ihr ja, ich dachte, ihr seid am WC-Sitz festgefroren", zog uns Darana auf. Wir holten uns noch einen Snack im Tankstellenshop und fuhren weiter.

Drei Stunden später waren wir am Ziel. Es lag so viel Schnee, dass wir nicht bis zur Hütte fahren konnten. Wir parkten circa zwanzig bis dreißig Meter davor und mussten den Rest des Weges gehen. Es war nicht weit, aber anstrengend, weil sehr, sehr viel Schnee lag. In der Hütte wurde es rasch warm und gemütlich. Ich ging, nachdem ich eingeheizt hatte, ins Bad, um mir die Hände zu waschen. Als ich mein Armband abnehmen wollte, bemerkte ich plötzlich, dass es gar nicht mehr an meinem Handgelenk hing. Ich schrie und Darana und Marissa kamen ins Badezimmer gelaufen. Sie fragten, was los sei. „Mein Armband, es ist weg!" Eine halbe Stunde lang rannte ich auf der Suche danach hin und her, her und hin. „Ich kann es nicht doch einfach verloren haben!" „Wo hast du es als Letztes gesehen?", fragte Marissa. „Ähm, ich glaube, ah, ich weiß! An der Tankstelle, wo wir auf der Toilette waren, als ich in den süßen Nerd reingerannt bin. Wir müssen zurück, sofort, bitte!" Darauf sagte Darana: „Das sind drei Stunden, und das hat bestimmt schon wer genommen. Es ist so alt und schön, das bleibt bestimmt nicht einfach so liegen." „Meine Oma hat es mir zum Geburtstag geschenkt", sagte ich mit Tränen in den Augen. Wir überlegten, ob wir morgen vielleicht hinfahren sollten, aber bestimmt wäre es sinnlos.

Am nächsten Tag hörten wir in aller Herrgottsfrühe Autotüren und Stimmen. Es war nervig, deswegen gingen wir raus und sahen nach. Es gab eine Nachbarshütte, die aber kleiner als unsere war, und aus dem Auto dort stieg gerade ein Junge aus, den ich irgendwoher kannte. „Hey, ist das nicht, ähm, der süße Nerd von gestern?" „Ja, könnte sein", sagte Marissa. „Welcher süße Nerd von gestern?", fragte Darana. „Lange Geschichte, erzählen wir dir dann", winkte Marissa ab. „Hey du, ich kenne dich, ich bin gestern in dich reingerannt!", rief ich hinüber „Oh, ich erinnere mich, ja." „Ah, du bist also der süße Nerd, von dem Nelia die ganze Zeit redet", sagte Darana lächelnd „Pst, sei leise!", schimpfte ich, aber es war schon zu spät. „Der süße Nerd, ähm, okay", sagte er. „Verstöre doch den armen, ähm …", presste ich hervor, wusste dann aber nicht weiter. „Luke, ich heiße Luke." „Okay, verstöre Luke nicht so an seinem ersten Urlaubstag!", sagte ich. „Ja, und wie heißt ihr, wenn ich fragen darf?" „Das ist Marissa, das Darana und ich bin Nelia", stellte ich uns vor. „Hey, Luke, hilfst du mir tragen, bitte?", hörte man ein Mädchen von hinten rufen. „Ist das deine Freundin?" „Nein, das ist Miranda, meine kleine Schwester", sagte Luke. Er ging hin und half ihr.

Ein paar Stunden später klingelte es an unserer Haustür. Luke stand draußen mit einer Kanne heißer Schokolade mit Marshmallows, wie lecker. „Seid ihr alleine hier oder kommen eure Freunde noch nach?" „Also, Darana hat einen Freund, Matteo Clarson, und Marissa hat auch einen, sein Name ist Mikkel Moon, die kommen nicht, soviel ich weiß, und ich hab keinen, sein Name ist also niemand. Und du?" „Nein, ich hab keine Freundin, aber meine Schwester hat einen Freund." „Okay", sagte ich. Wir unterhielten uns noch lange, und gegen Mitternacht gingen wir dann schlafen. In der Nacht war es kalt, deswegen hatten wir Kuschelsocken und Kuscheljumpsuits an. Wir hatten zwar eine riesige Hütte für bis zu 15 Personen, schliefen aber gemeinsam in einem Dreierbettzimmer, so war es gleich viel gemütlicher.

Kapitel 2

Am nächsten Morgen standen wir um 10 Uhr auf und richteten gleich das Frühstück her, weil Luke und Miranda zum Essen kamen. „Hey, heute am Nachmittag können wir einen Weihnachtsbaum besorgen und schicke Geschenke für unsere Eltern und eure Freunde kaufen", sagte ich. „Ja klar, in der Nähe habe ich ein riesiges Einkaufszentrum gesehen, dort gibt es sicher alles, was man braucht", sagte Marissa. Nachdem Miranda und Luke gegangen waren, machten wir sauber und fuhren los, der Schnee lag echt hoch und machte es uns nicht leicht. Um 12 Uhr waren wir beim Einkaufszentrum und gingen shoppen, bis unsere Kreditkarten glühten. Es war echt lustig und wir fanden schöne Geschenke für unsere Eltern und Freunde. Dann fuhren wir zu einem Christbaumstand und kauften einen wunderschönen großen Weihnachtsbaum. Als wir wieder zu Hause waren, stellten wir den Baum auf und drehten Weihnachtsmusik auf. Das ist Tradition, wir machen das jedes Jahr so. Wir stellen den Baum auf, hören Weihnachtsmusik und trinken heiße Schokolade mit Marshmallows, und dann schmücken wir das Haus. Eine coole Tradition. Unser Lieblingslied ist „All I Want for Christmas Is You" von Mariah Carey, wir drehen es immer ganz laut auf. Wir sangen auch heute so laut, dass sogar Luke und Miranda es hörten. Marissa holte unsere Bürsten aus dem Badezimmer und wir tanzten in Pyjamas und mit Weihnachtsgirlanden um den Hals im Wohnzimmer herum, es war echt lustig. Als wir fertig waren, ließen wir uns auf die Couch fallen und suchten die Weihnachts-DVD, die wir gekauft hatten, machten uns Popcorn und schauten den Film. In dem ganzen Trubel vergaß ich mein Armband. Nachdem wir den Film fertig gesehen hatten, schauten wir, ob es im DVD-Regal der Hütte noch irgendeinen coolen Film gab.

Wir fanden einen, und zwar „Mamma Mia". Wir liebten diesen Film. Und dann kam es, dieses Lied, bei dem wir schon wieder unsere Bürsten rausholten und mitsangen: „Dancing Queen".

Am nächsten Tag riss uns unsere Klingel aus dem Bett. Darana erschrak so, dass sie aus dem Bett fiel. Dann trotteten wir zur Tür und Marissa machte auf. Es waren Luke und Miranda mit dem Frühstück und seiner beliebten heißen Schokolade. „Oh, haben wir euch aufgeweckt?", fragte Miranda. „Ja, aber macht nichts, wir wollten eh gleich aufstehen", murmelte Darana ganz verschlafen. „Und gleich heißt wann?", fragte Luke. „In vier bis fünf Stunden oder so", sagte Marissa. Wir baten Luke und Miranda herein und frühstückten, als mir plötzlich ein Gedanke kam. „Mein Armband! Verdammt, wir sind gestern nicht zurückgefahren, um mein Armband zu holen!" „Ah ja, stimmt, das haben wir vor lauter Shoppen und Schmücken vergessen", sagte Marissa. Da fragte Luke: „Welches Armband?" „Das ist ein altes Familienerbstück, meine Oma hat es mir zu meinem Geburtstag geschenkt", sagte ich voller Verzweiflung „Als du auf der Toilette warst, hast du da irgendwas gesehen, Luke?", fragte Darana. „Ich war nicht auf der Toilette, ich bin nur hingegangen, um zu schauen, ob Miranda dort war, als Nelia in mich reinrannte, und dann schrie mir Miranda schon von unserem Auto zu." Ich war geistig nicht mehr anwesend, ich war bei meinen Eltern und bei meiner Oma, sie würden mich umbringen, wenn sie das erfuhren und es waren nur mehr zehn Tage bis Weihnachten. *Wenn sie sehen, dass es nicht mehr da ist, dann werden sie mich enterben und mich aus der Familie ausstoßen.*

Kapitel 3

Zwei Tage später lag ich morgens noch immer im Bett und Darana und Marissa fuhren in die Stadt, um noch ein paar Weihnachtseinkäufe zu machen. Ich machte derweil gar nichts, später setzte ich mich vor den Fernseher und überlegte, wie ich meiner Oma das erklären sollte, ohne dass sie mir den Kopf abriss. Mir fiel nichts ein und ich beließ es dann einfach dabei. Gegen zwölf ging ich zu Luke hinüber und klingelte. Als mir bewusst wurde, dass ich schrecklich aussehen musste, war es schon zu spät. Luke öffnete die Tür: „Oh, Nelia, kann ich was für dich tun?" „Ich wollte fragen, ob du noch was zum Verkochen hast, weil Marissa und Darana noch beim Einkaufen sind, und sie haben mir gerade geschrieben, dass sie nicht dazu kommen, in den Lebensmittelmarkt zu gehen." „Nein, tut mir leid, leider hab ich nichts mehr, aber ich wollte gerade einkaufen fahren, magst du mit?", fragte er erwartungsvoll. „Ja klar, danke, ich ziehe mir noch schnell was an, weil ich glaube, im Pyjama einkaufen ist nicht so supi- dupi." Ich rannte schnell in die Hütte und zog mich um und frisierte rasch meine langen roten Haare. Ich mochte meine Haare, sie gingen bis zu meiner Hüfte, aber die schönen glatten, brünetten, fast schon blonden Haare von Marissa, oder die schwarz-blond gefärbten, glatten Haare von Darana finde ich auch sehr schön. Dann zog ich schnell meine Winterstiefel und meine dicke, flauschige Jacke an und hinterließ Darana und Marissa eine Nachricht: *„Bin mit Luke einkaufen fürs Mittagessen, bin bald wieder da!"* Dann ging ich wieder zu Luke. „So, fahren wir?" fragte ich. Luke stieg ins Auto, drehte die Heizung auf und fuhr los. „Und wo kommt ihr her?", fragte Luke. „Also, ich komme aus Kanada und Marissa und Darana von Sønderho, aber ich bin hingezogen, als

ich elf war, und dann haben wir uns in der ersten Klasse der Hauptschule kennengelernt und seitdem sind wir unzertrennlich. Wir wechselten sogar nach der vierten Klasse in dieselbe Schule und nach der Schule zogen wir in eine WG. Marissa ist jetzt Kindergärtnerin, Darana ist gelernte Tierpflegerin, aber sie arbeitet als Assistentin in einer großen Firma, und ich habe eine Konditorei, die heißt *Nelias süße Welt*. Aber ich bin auch noch Hobbyfotografin und nebenbei Köchin." „Cool, das sind viele Berufe! Also, ich bin Comic-Zeichner und Miranda ist Kosmetikerin. Ich komme auch aus Dänemark", erklärte mir Luke. Wir fuhren schon ein Weilchen, als es plötzlich so stark schneite, dass man nichts mehr sah, und dann schickte uns das Navi noch irgendwo ins Nirgendwo. „Ich glaube, da kommt ein Schneesturm", sagte Luke. Wie aufs Stichwort kam Wind auf und das Schneetreiben wurde heftiger. Da hielt Luke den Wagen an und wir warteten ab. Als Marissa und Darana wieder zu Hause waren, sahen sie auf meinem Zettel, dass ich mit Luke zum Einkaufen gefahren war. „Bei diesem Sturm wegfahren ist keine gute Idee, wir hatten Glück, dass wir schon zurück sind. Ich versuche mal, Nelia anzurufen, vielleicht hebt sie ja ab", sagte Marissa. Während Marissa versuchte, Luke und mich anzurufen, holte Darana ihr Handy und versuchte zum hundertsten Mal die Tankstelle zu erreichen, bei der ich das Armband vergessen hatte, aber es hatte noch nie jemand abgehoben. Endlich sagte jemand: „Hallo, Tankstelle Mekoka, Frau Totana hier, wie kann ich helfen?" „Ja, hallo, meine Freunde und ich haben vor vier Tagen bei Ihnen getankt und eine Freundin von mir hat auf der Toilette ein altes Armband vergessen, das ihr sehr am Herzen liegt. Haben Sie oder irgendwer dieses Armband gefunden?" „Nein, meine Kollegen und ich haben nichts gesehen und es ist auch nichts abgegeben worden, tut mir leid. Kann ich sonst etwas für Sie tun?" „Nein danke, entschuldigen Sie die Störung, auf Wiederhören." „Auf Wiederhören."
„Anscheinend hat es jemand einfach mitgenommen, schade."
„Darana, Nelia hat gesagt, sie sind kurz stehen geblieben, weil sie nichts mehr sehen und wir sollen später noch mal anrufen."

„Der Sturm legt sich, ich glaube, wir können wieder fahren", sagte Luke. Da merkte ich erst, dass ich ihn die ganze Zeit angesehen hatte. Ich sah schnell weg und sagte: „Ja, ja, natürlich." Als wir beim Einkaufszentrum waren, lief ich schnell ins Lebensmittelgeschäft und rackerte meine Einkaufsliste ab. „So, ich bin fertig, und du, Luke?" „Ich auch", sagte er. Als wir zur Kasse gingen, sah ich eine Abteilung voller Wintersachen. Ich stürmte sofort hin und Luke lachte nur. „Was ist, ich brauche Winterkleidung, und außerdem: Sieh dir diese Stiefel an, da sind Lamas und Äffchen drauf und die sind noch dazu flauschig, so richtig fluffig", sagte ich mit Babystimme. Luke lachte sich tot. „Haha, ich bin halt noch ein innerliches Kind, kann auch nichts dafür." „Das mag ich so an dir! Äh, ich meine ...", stotterte Luke. „Schon gut, ich verstehe, wir sind gute Freunde, ich mag auch viel an dir", meinte ich. „Ja, wir sind nur sehr gute Freunde", sagte Luke. Ich drehte mich um und ging zur Kasse. Innerlich war ich leicht traurig, ich wusste nicht, wieso, aber in meiner Brust war so ein Gefühl der Leere und es tat weh. Wir wollten wieder nach Hause, und als wir ins Auto stiegen, passierte auf einmal was Unglaubliches. Er küsste mich. „Ähm, okay, das war unerwartet!", sagte ich. „Entschuldige, es kam über mich, tut mir echt leid!", meinte er verlegen. Ich sah ihn die ganze Fahrt über nicht mehr an, und er sah auch nicht zu mir. Es herrschte eine peinliche Stille.

Zu Hause warteten schon Marissa und Darana auf uns. „Hi, auch schon wieder da?", fragte Marissa. Das war ihr Hauptspruch, wenn man mehr als eine halbe Stunde weggeblieben ist. „Da es jetzt schon zu spät für Mittagessen ist, koche ich das Abendessen, wie wäre es mit Tortillas?", fragte ich Marissa und Darana. „Ja gern, du machst die echt gut, und mach auch gleich den Weihnachtspudding von deiner Tante Hilda!", sagte Darana. Darana und Marissa gingen erst mal spazieren und einen Schneemann bauen. Als ich anfangen wollte, bemerkte ich, dass ich meinen Einkauf in Lukes Auto vergessen hatte, also ging ich schnell hinüber und klingelte an. „Hi, ähm, ist Luke da, weil ich ha..." „Nein, er ist nicht da und jetzt verzieh dich, du kindisches Ding", keifte mich Miranda an. „Ähm, Entschuldigung, hab ich was Falsches gesagt oder getan?", fragte ich fassungslos. *Warum ist sie so gemein?* „Verzieh dich, Alte, Luke ist nicht da und niemand hier braucht dich! Du stehst auf ihn, nicht wahr? Aber er steht nicht auf dich, er hat dich nur geküsst, um seine Ex-Freundin eifersüchtig zu machen." Ich wollte was sagen, als plötzlich Luke kam. „Oh, hey, Nelia, was geht?" Ich starrte ihn mit Tränen in den Augen an „Nelia, ist alles in Ordnung?", fragte er mich. „Luke, ich, ähm, ich ..." „Hi, Bruderherz, ich wollte gerade Nelia ihren Einkauf geben, sie hat ihn vergessen", sagte Miranda, als wenn sie der einfühlsamste Mensch der Welt wäre. Luke schaute mich fragend an und sagte: „Ja, dein Einkauf, der liegt bei mir im Auto, warte, ich hole ihn dir!" Ich wollte nicht, dass er ging, aber irgendwie konnte ich nicht fassen, was Miranda gesagt hatte. Miranda beugte sich zu mir und flüsterte: „Hey, du verknallter fetter Karpfen, hör auf zu heulen, er mag dich nicht, okay, das hat er mir selbst gesagt, also verschwinde von hier!" Luke kam zurück und ich wischte mir die Tränen ab. „Danke." Ich nahm die Tasche, rannte schnell zurück in die Hütte, ging in die Küche und zerhackte vor lauter Wut und Trauer das Gemüse. Als das Gemüse schon kleiner war als Haferflocken, schmiss ich mich aufs Bett. *Gott, ich bin echt jämmerlich.*

Marissa und Darana machten sich zeitgleich auf den Heimweg, weil ihr Magen schon knurrte „Hey, Darana, sieh mal, der Baum hat Eiskristalle auf den Ästen! Fotografier das, schnell, das kommt ins Fotobuch!", rief Marissa. „Welches Fotobuch?", fragte Darana. „Ich schenke Nelia zu Weihnachten ein Fotobuch von unserer gemeinsamen Zeit. Arbeitstitel: *Die drei Verrückten*", sagte Marissa lachend und ihr Lachen steckte Darana an. Als sie fast zu Hause waren, kam eine SMS von mir, in der ich schrieb: „Könnt ihr bitte eine große Portion Eis holen? Bitte!" „Nelia fragt, ob wir eine große Portion Eis holen können." „Wieso Eis, ich hätte gedacht, sie macht den beliebten Weihnachtspudding?", fragte Marissa. Trotzdem fuhren sie los und holten eine geschätzte Tonne Eis. Als sie wieder zu Hause waren, suchten sie mich. Die zwei gingen hinauf und hörten mein Weinen. „Ich bin hier", schluchzte ich. Marissa und Darana sahen sich fragend an und gingen ins Schlafzimmer. Ich lag auf dem Bett, umringt von Taschentüchern. Es war bestimmt kein schöner Anblick. „Mein Leben ist für'n Dreck, zuerst verliere ich mein Armband, dann fühl ich mich von jemandem angezogen, der seiner Ex-Freundin nachtrauert, und dann küsst er mich, um sie eifersüchtig zu machen, was eigentlich gar keinen Sinn ergibt, weil sie gar nicht da ist, und dann stellt sich auch noch raus, dass Miranda eine gemeine Hexe ist, und, und …!" „Warte mal, was ist mit Miranda?", fragte Marissa. „Sie hat mich als verliebten fetten Karpfen bezeichnet, und sie hat gesagt, dass Luke mich nur benutzt, um seine Ex-Freundin eifersüchtig zu machen." „Das kann ich nicht glauben. Miranda war immer so nett", sagte Darana. „Und ihr habt euch geküsst!?", fragte Marissa erstaunt. Ich sah sie verunsichert an. „Ja, er hat mich geküsst." Die beiden lächelten mich an und ich musste schmunzeln. „Nelia, kann es sein, dass er dich sehr, SEHR, SEEEHR mag?", grinste Marissa. Ich stupste sie und lachte.

Kapitel 4

Am nächsten Tag machten wir uns früh auf ins Shoppingcenter. „Wir brauchen noch eine Weihnachtsgirlande für das Stiegengeländer und einen Engel für die Baumspitze", sagte Darana. „Ich freue mich schon darauf, wenn alle kommen und wir feiern. Wir sollten überlegen, was wir kochen, oder, Nelia?", fragte Marissa „Ich würde Hähnchen mit Kartoffeln und Reis und Weihnachtspudding als Nachspeise vorschlagen", meinte ich. Als wir alles gekauft hatten, fuhren wir wieder nach Hause und schmückten die Hütte fertig. Endlich kamen wir dazu, unseren schönen und riesigen Weihnachtsbaum zu schmücken! Am Abend saßen wir wieder zusammen und besprachen, was wir zu Weihnachten genau machen wollten, weil wir nur mehr sechs Tage Zeit hatten. Nachdem wir alles besprochen hatten, schauten wir uns „Eine Prinzessin zu Weihnachten" an. Wir liebten diesen Film, aber wir hatten keine Ahnung, wieso. Wir sahen ihn uns jedes Jahr an, und jedes Jahr gefiel er uns besser. Mitten im Film stand ich auf und ging in die Küche. „Will jemand Popcorn?" „Ja, bitte!", riefen die beiden im Chor. Ich machte welches und ging wieder ins Wohnzimmer. Als der Film zu Ende war, war es schon zehn vor eins. „Gute Nacht", sagte ich müde und trottete hinauf. Darana und Marissa blieben noch sitzen, sahen Teleshopping und redeten über Luke und mich.

Nur noch fünf Tage bis Weihnachten

Am Tag darauf trafen sich Marissa und Darana mit Luke und Miranda. Okay, ja, sie konnten Miranda jetzt auch nicht mehr ausstehen, aber sie ließen es sich nicht anmerken. „Wisst ihr, was mit

Nelia los ist? Sie geht nicht an ihr Handy und sie lässt mich nicht rein", sagte Luke zu Marissa und Darana. „Na ja, sie hält halt nichts von Jungs wie dir", sagte –, nein! – keifte Marissa. Darana packte Marissa und sie gingen rasch nach Hause, Luke schaute blöd aus der Wäsche. „Äh ... W... Was?", stotterte er, aber sie gingen einfach weiter und beachteten ihn nicht. Als sie wieder in die Hütte kamen, gingen sie sofort in die Küche und kochten das Mittagessen, einfach so, das machten sie immer, wenn sie auf irgendwas wütend waren. Ich ging zu ihnen und fragte, was los sei. „Nichts, nur dieser Idiot von Luke tut so, als wäre nichts passiert", schrie Darana wütend. „Was meinst du?", fragte ich. Darauf sagte Marissa: „Na ja, er fragte, wieso du nicht ans Telefon gehst oder ihn nicht reinlässt." Ich sagte nichts mehr und ging mir die Schuhe anziehen. Ich hatte mich dazu entschlossen, zu ihm rüberzugehen und ihm die Meinung zu sagen. Doch auf dem halben Weg wurde ich langsamer und dachte noch mal nach... Nein! Ich war fest entschlossen und ging wieder schneller. Als ich vor seiner Tür stand, hämmerte ich drauflos und klingelte wie ein wild gewordener Tiger. Schließlich öffnete jemand, wie erhofft, war es Luke. „Oh, Nelia, wie geht's dir?" Ich sah ihn an und sagte: „Ähm, ich habe, nein, ich wollte mit dir reden, ähm, ich will nicht, dass du mich benutzt, um deine Ex-Freundin eifersüchtig zu machen. Ich kann das nicht und ich will dich nicht mehr sehen." Ich wollte gehen, aber er hielt mich auf und sagte mit leiser Stimme: „Warte bitte, was meinst du? Welche Ex-Freundin? Ich hatte meine letzte Freundin vor zehn Jahren, da war ich zwölf und sie war auch zwölf, glaub ich." Ich sah ihn an: „Du bist seit zehn Jahren Single? Wow, das hat noch keiner geschafft!" „Ach ja, wie lange ist die Super-Duper-Nelia denn schon Single?", fragte er. Ich starrte ihn verlegen an. „Ähm, 21 Jahre schon." „Und du bist wie alt?" „21, aber das ist nicht das Thema, ich will dich nicht mehr ständig sehen." Ich ging und schaute nicht mal mehr zurück. Er wollte, dass ich stehen bleibe, aber ich ging einfach. „Eigentlich kann ich nicht vermeiden, dass ich ihn sehe, weil seine Hütte zwanzig Meter von meiner entfernt ist, aber vielleicht hilft es ja", dachte ich laut. Als ich wieder zu Hause war, war das Essen fertig. Es gab mexikanisch, leckere Enchiladas. Es war so lecker, keine Ahnung, seit wann meine Freundinnen so kochen konnten. Aber es war wirklich sehr gut, ich konnte das beurteilen, weil ich auch gelernte Köchin war. „Und wie war es bei Luke?", fragte Marissa. Ich legte meine Enchilada weg und erzählte: „Er sagte, dass er seit zehn Jahren Single ist und dass er nichts von einer Ex wüsste." Sie sahen mich fragend an und Darana meinte: „Was, vor zehn Jahren, wie alt war er denn da, acht?" Ich lachte: „Nein, zwölf!" „Warte, was? Er ist ein Jahr älter als du und zwei Jahre älter als wir. He, Nelia, stehst du auf ältere Typen?", fragte Marissa lachend. Ich sah sie an, als wär sie der Joker aus Batman: „Haha! Wie witzig, er ist am 31. Dezember 1991 geboren und ich am 15. April. 1992. Also bitte, vier Monate älter ist nicht viel." Marissa und Darana lachten, setzten sich aufs Sofa und tuschelten. Ich verdrehte die Augen und ging raus, um einen Schneemann zu bauen. Als ich fast fertig war und die Karotte, den Hut und den Schal holen wollte, riefen mich Darana und Marissa ins Wohnzimmer. Ich schaute sie nur fragend an. „Also, wir haben eine Idee. Wir drei feiern hier auch Silvester, im Shoppingcenter gibt es Raketen, die wir holen können, und außerdem hat ja Luke da Geburtstag", sagte Darana. Ich sah sie blöd an und ging zum Kühlschrank. Ich holte die Karotte für Mr. Frosti, so hatte ich den Schneemann genannt. „Wart ihr bis vor 10 Minuten nicht noch stinkwütend?", fragte ich lachend. „Ja, aber egal", grinste Marissa hinterlistig. Ich ging wieder raus und fragte mich, wie sie auf so eine Idee kamen. Ich stand nicht auf den Typen. Nicht mehr. Als ich Mr. Frosti endlich fertig hatte, wurde es schon dunkel und ich ging in die Hütte. Manchmal, wenn ich in die Hütte ging, stellte ich mir vor, dass ich hier wohnte, weil die Hütte so groß wie ein Haus war. Man konnte den zweiten Stock sehen, da war so ein geteilter Boden mit Geländer, und im Wohnzimmer stand ein Kamin und darüber ein großer Fernseher. Dort, wo keine Decke war, stand der Weihnachtsbaum, der circa fünf Meter hoch war. Als ich wieder drinnen war, zog ich mir meinen Pyjama an und ging wieder ins Wohnzimmer. Marissa und Darana saßen noch immer dort und sahen mich an. „Wir haben eine Überraschung für dich", sagten sie im Chor. „Muss ich jetzt Angst haben?", fragte ich unsicher. Sie standen auf, zerrten mich auf das Sofa und drehten den Fernseher auf. „Sind gleich wieder da", sagte Darana. „Und zieh dir etwas Schickes an", sagte Marissa. Ich drehte mich fragend zum Fernseher und schüttelte den Kopf. Nach einer halben Stunde stand ich auf und ging ins Zimmer. Ich suchte mir aus dem Kasten ein schwarzes Petticoat-Kleid mit blauen Rosen, gab mir die dazu passenden Ohrringe rauf und ging gerade wieder ins Wohnzimmer hinunter, als mich plötzlich wer von hinten packte und mir die Augen verband. Ich schrie: „Das ist nicht lustig, wer ist da?" Nach einer halbe Ewigkeit nahm mir endlich jemand die Augenbinde ab. Ich war in einem Restaurant an einem Tisch mit Wein, Kerzen und im Radio lief romantische Musik. Aber ich saß alleine, das dachte ich zumindest, bis ich gegenüber von mir einen jungen dunkelblonden Mann sitzen sah. Es war Luke. Er hatte auch die Augen verbunden, bis Marissa kam und ihm das Tuch abnahm. Ich sah sie mit wütendem und fragendem Blick an. Sie zuckte mit den Schultern und verschwand wieder. „Hi", sagte ich verlegen. „Hi", sagte er zurück. Ich sah ihn an und meinte: „Du siehst gut aus." „Danke, du auch", flüsterte er. Er sah wirklich richtig gut aus in seinem schwarzen Anzug mit blauer Krawatte. Aber ich fragte mich noch immer, was zum Geier das hier sollte. Die konnten mich nicht einfach auf ein Date schleppen, und noch dazu mit Luke! „Entschuldige mich kurz, bitte!", sagte ich leise und ging zu Marissa und Darana hinüber. „Marissa Clara Jensen und Darana Maria Andersen", presste ich hervor. „Ja, Nelia Nora Larsen?", fragte Darana. Ich wurde noch wütender: „Was fällt euch ein? Ich meine, wann ... Wie? Wieso habt ihr mich hierhin verschleppt?" „Glaubst du, wir wissen nicht, dass ihr aufeinander steht und von dem Kuss? Und außerdem, wie ihr euch anseht, das nennt man wahre Liebe", schwärmte Marissa. „Nur ist das halt kein Liebesfilm", zischte ich und ging wieder zum Tisch. Luke sah mich an und sagte: „Wegen heute wollte ich nur sagen, dass das alles ein Missverständnis ist. Marissa und Darana haben mir erzählt, was Miranda gesagt hat, und ich hab sie gefragt, warum sie das getan hat. Sie wollte einfach nicht, dass mir noch irgendjemand das Herz bricht, weil Freja, also meine Ex-Freundin, nämlich noch einen Freund hatte und ihn vor meinen Augen geküsst und dann abgestritten hat, dass sie meine Freundin war. Und das auf meiner 12. Geburtstagsfeier." Ich sah ihn mit leicht trauriger Miene an. „Das tut mir leid", bemerkte ich mitfühlend. „Und warum hattest du nie einen Freund?", fragte er. „Na ja, die Jungs in meiner Schule waren nicht so mein Ding, und dann hab ich gearbeitet und nie den Richtigen gefunden und ja …", antwortete ich. „Und was ist dein Typ?", fragte er interessiert. Ich überlegte und lächelte verträumt: „Na ja, also er muss liebevoll sein, er sollte Humor haben und sich auch für mich interessieren. Er sollte ehrlich und echt sein. Ich stelle mir sogar manchmal vor, wie ich mit ihm bei Sonnenuntergang am Strand entlangspaziere und wir einfach reden, stundenlang einfach nur reden." Er starrte mich verträumt an, ich merkte es gar nicht, weil ich ganz in meinen Gedanken versunken war. „Ich liebe dich", flüsterte er. Ich sah auf: „Was hast du gerade gesagt?" „Nichts, ich hab nur gefragt, ob du noch Wein willst", lenkte er ab. Ich nickte und er schenkte mir noch einen Schluck Wein ein. Mir kam es zwar komisch vor, ich dachte aber nicht weiter darüber nach. Wir redeten noch Stunden. Ich musste zugeben, es hatte mir gefallen, es war ein schöner Abend und das Essen war auch nicht schlecht. Marissa und Darana waren schon lang gefahren. Typisch! Und klug eingefädelt, denn so musste er mich natürlich nach Hause fahren. Marissa hatte sich tatsächlich sein Auto geschnappt, um ihn herzufahren. Als wir zu Hause waren, wollte ich aussteigen, aber Luke rannte zu meiner Tür und machte sie auf. „Oh, ein richtiger Gentleman, wie's aussieht", sagte ich lachend. Als ich zur Hütte hinübergehen wollte, hielt er meine Hand fest, zog mich an sich und küsste mich noch mal. Wow, das war ein langer Kuss. Ich lächelte ihn an, als plötzlich seine Schwester hinter ihm auftauchte und mich böse, sehr böse ansah. Ich rannte schnell weg und sagte kein Wort.

„Oh mein Gott, wir haben dich gesehen, Nelia", prahlte Darana. „Oh, là, là! Warte, das war dein zweiter Kuss in deinem ganzen Leben, oder?", fragte Marissa. Ich schaute verlegen. „Äh ... Vielleicht." „Oh, wie süß!", schwärmten die beiden gleichzeitig. „Also, ich geh jetzt ins Bett, wer schließt sich an?", fragte ich. „Ich!", schrien die beiden schon wieder gleichzeitig. Langsam glaubte ich, dass sie Klone waren. Am nächsten Tag waren wir aufgeregt, weil es nur noch 4 Tage bis Weihnachten waren, juhu! Ich ging in die Küche und machte Frühstück. Heute gab es Pancakes mit Weihnachtsmanngesicht, der Bart war aus Schlagobers und die Augen aus Schokolade. Als die zwei endlich in die Küche kamen, tischte ich ihnen die Pancakes auf. „Das sieht echt gut aus, kannst du uns noch einen Kakao machen, bitte?", fragte Darana. Ich ging in die Küche und holte die Kanne und schenkte ihnen einen ein, die Marshmallows streute ich dann darüber aus. „Ich habe vorhin schon einen gemacht", sagte ich. Wir aßen unseren *Santacakes* und dann zogen wir uns an. Heute wollten wir noch mal in die Stadt, um wie immer shoppen zu gehen. Mann, waren wir oft shoppen! Wir wollten uns Kleidung und Schuhe holen. Als ich aus dem Schuhgeschäft kam, rannten mir Darana und Marissa entgegen und diskutierten: „Nelia, was meinst du, sollten wir es dir jetzt geben oder zu Weihnachten?" Ich sah sie verwundert an: „Was? Was sollt ihr mir heute oder zu Weihnachten geben?" Sie lachten und gaben mir eine Tasche: „Frohe Weihnachten, Nelia! Von uns beiden." Ich bedankte mich und sah in die Tasche. Da war ... Was? „Seid ihr verrückt?" Es war ein kleiner Beaglewelpe, wie süß. Ich sah sie an und stotterte: „W... W... Wie viel hat der denn gekostet? Und wieso?" Tränen stiegen mir in die Augen. Sie umarmten mich und sagten: „Na ja, so hast du wenigstens einen Mann in deinem Leben." Ich sah den Welpen an und er schleckte mir über das Gesicht und guckte mich dann mit seinen großen Glubschaugen an. „Ich nenne dich, glaub ich, Malvin", sagte ich zu dem kleinen Welpen. Wir lachten und gingen in den Tier-Shop, um Futter, Leine, Hundebett, Fressnapf und so weiter zu kaufen.

Als wir wieder in der Hütte waren, legte ich Malvins Bett ins Wohnzimmer. Dann ging ich mit ihm spazieren. Plötzlich kam mir Luke entgegen, na toll. „Hey, seit wann hast du einen

Hund?", fragte er. Ich sah ihn unsicher an. „Den haben mir Darana und Marissa geschenkt, als Vorweihnachtsgeschenk sozusagen." Er beugte sich hinunter und streichelte ihn. „Wie heißt du denn, Kleiner?" „Malvin", bemerkte ich nebenbei. Ich ging weiter, aber Luke folgte mir. Ich sah ihn an und sagte: „Wieso folgst du mir?" Er lachte: „Tu ich nicht, ich gehe zu meinem Auto." Ich sah ihn peinlich berührt an und ging weiter. Wir gingen durch den Wald. Die Äste waren voller Schnee und Eiszapfen. Es war die schönste Winterlandschaft, die ich in meinem ganzen Leben gesehen hatte.

Als ich wieder zu Hause war, setzte ich mich mit Malvin auf die Couch und sah fern, bis endlich Darana und Marissa wiederkamen. „Hi, wo wart ihr denn?", fragte ich. Sie setzten sich zu mir und Marissa sagte: „Ach, kurz in der Stadt, wir hatten etwas vergessen." Ich sah sie an. „Und das hat nur kurze vierStunden gedauert, oder wie?" Wir lachten und sahen weiter fern. Ich ging in die Küche und begann das Mittagessen zuzubereiten. „Was wollt ihr essen?", fragte ich. Wie immer antworteten sie gleichzeitig: „Lasagne, bitte." Nachdem ich fertig gekocht hatte, deckten die zwei auf und wir aßen. Später gingen wir alle zusammen hinaus und bauten noch einen Schneemann, damit es auch eine Mrs. Frosti gab. Vielleicht war uns auch einfach langweilig, keine Ahnung. Ich schlich mich an Darana und Marissa an und rieb sie mit Schnee ein. Sie starteten gleich eine Gegen-Attacke und schossen mit Schneebällen auf mich. „Hey, zwei gegen einen ist unfair", schrie ich lachend, aber es half nichts. Plötzlich erklang eine Stimme hinter mir. „Ich kann dir ja helfen, ich bin Schneeballkönig, und dann ginge es zwei gegen zwei." Es war tatsächlich Luke. Okay, ja, ich musste zugeben, in diesem Augenblick war ich verdammt glücklich, aber ich ließ mir nichts anmerken und wir ließen ihn mitspielen. Aber er spielte in Daranas Team gegen Marissa und mich. Als ich einen neuen Schneeball machen wollte, griff er genau an dieselbe Stelle wie ich und unsere Hände berührten sich. Wir starrten uns an, bis Marissa wieder einen Schneeball auf uns schoss und herüberschrie: „Hey, Nelia, keine Verbündung mit dem Feind!" Ich lachte, stand auf und schoss Darana, Marissa und Luke ab. Wir stürzten uns alle in den Schneehügel und lachten, bis die Spaßverderberin des Jahrhunderts kam, und damit meine ich Miranda. „Hey Leute, wie geht's? Du, Luke, Mom hat angerufen und gefragt, ob sie auch am 23. am Abend kommen kann, damit sie auch mithelfen kann, kochen und so weiter", sagte Miranda. Sie ging und ich schoss Luke wieder mit einem Schneeball ab. Wir lachten uns gerade zu Tode, als sich Miranda wieder umdrehte und sagte: „Bevor ich's vergesse, Luke, da ist wer für dich. Hey, Freja, komm her, bitte!", schrie Miranda zu ihren Auto hinüber. Als Luke den Namen hörte, wurde aus seinem süßen Lachen eine finstere Miene. Da, wo Mirandas und Lukes Auto stand, kam plötzlich ein junges Mädchen Anfang zwanzig mit dunkelbraunen, schulterlangen Haaren, Stirnfransen und blonden Strähnen, hellbraunen Augen und einem dicken Winterkleid her. „Was zum Piep machst du denn hier?", fragte Luke das Mädchen. „Wer ist das?", wunderte sich Darana. Das Mädchen ging schnell zu Luke und küsste ihn. Als ich das sah, starrte ich nur auf Luke, dann wieder auf diese Freja und wieder zu Luke, Freja, Luke, Freja, hin und her, als mir die Tränen in die Augen stiegen. Ich ging ganz schnell weg, Luke schrie mir noch nach, aber ich blieb nicht stehen. Marissa und Darana sahen ihn nur verzweifelt an und Marissa sagte: „Was sollen wir nur mit dir machen, Luke Noah Pietersen?" Dann gingen sie mir nach. Luke sah wieder zu Freja und fragte sie genervt: „Was willst du hier?" Sie umarmte ihn und sagte: „Ich hab dich vermisst und erst nach ein paar Jahren begriffen, dass ich dich noch liebe, aber du hast deine Nummer geändert und ich hab dich nicht mehr gefunden, und bei deiner Wohnung war niemand und so weiter. Aber letztens hat mich Miranda angerufen und gesagt, dass ihr hier seid." Luke sah Miranda wütend an und ging in die Hütte.

Ich saß wie immer mit einer Schüssel Eis auf dem Sofa, als sich Malvin zu mir gesellte und sein kleines Köpfchen auf meinen Schoß legte. Darana und Marissa kamen zur Tür herein und setzten sich ebenfalls zu mir. Ich drehte mich zu ihnen und fragte: „Haben wir Apfelmus zu Hause, ich hab langsam genug von

Eis. Wenn ich traurig bin, esse ich ab jetzt nur mehr Apfelmus." Die zwei lachten und Marissa stand auf, um nachzuschauen; aber wie es immer so ist, hatten wir keins. „Weißt du was, wir, Marissa und ich, setzen uns jetzt ins Auto, fahren zum Supermarkt und holen Apfelmus", sagte Darana und umarmte mich. „Darana, warte, kann es sein, dass ich eine richtige Drama Queen bin? Bin ich einfach zu emotional?", rief ich ihr nach. Darana lachte: „Du bist nur sehr emotional." Ich nickte: „Dann ist ja alles gut."

Nach circa 45 Minuten kamen sie zurück. „Ich habe gedacht, ihr holt Apfelmus vom Supermarkt und nicht vom Mond", sagte ich lachend. Sie gaben mir eine riesengroße Tasche, ich sah hinein und darin waren so viele Sachen. Als Erstes holte ich ein Dutzend Gläser Apfelmus heraus und dann vier Comedy-Zeitungen, Comics und ganz viele Filme. Dann holten Darana und Marissa einen Riesenteddy die Tür rein. Er war zwei Meter groß und sie bekamen ihn gerade noch durch die Tür. Er hatte große Glupschaugen und war so braun wie ein Grizzlybär. Und, was ich erst jetzt bemerkte, er hatte eine Weihnachtsmannmütze aufgesetzt bekommen!. Ich lächelte und fiel ihm in die Arme „Danke, danke, das wäre aber nicht nötig gewesen, ich hab ein bisschen überreagiert, glaub ich." „Na ja, jeder hat mal das Recht überzureagieren", sagte Marissa strahlend. Als ich mich umdrehte, um mit dem Teddy zu kuscheln, sah ich, dass Malvin es sich auf meinem Teddy gemütlich gemacht hatte. Er lag auf dem linken Fuß, war ganz eingerollt und das sah so extrem süß aus, dass wir ihn dort liegen ließen, und weil es schon etwas später war, setzten wir uns auf die Couch und aßen Apfelmus. Nach circa zwei Stunden schliefen wir auf der Couch ein. Ich konnte später in der Nacht nicht schlafen, ich musste die ganze Zeit an Luke und Freja denken und wie sie sich heute einfach geküsst hatten. Als es endlich hell wurde, stand ich auf, machte mir eine heiße Schokolade, zog mir meine warme, flauschige Weste an und ging hinaus auf die Bank vor unsere Hütte, die Gott sei Dank unterm Dach stand, so dass sie nicht vollgeschneit wurde. In der Nacht hatte es anscheinend ganz schön viel geschneit, weil der Schnee jetzt noch höher lag als gestern, und es war eiskalt, auf dem Thermometer stand -20 Grad Celsius. Ich starrte das Thermometer an. *Oh mein Gott,, es ist wirklich eiskalt!* Ich trank meinen Kakao und schaute auf die Uhr, es war 06:15. *Na toll, dachte ich, um 6 Uhr morgens, drei Tage vor Weihnachten und ohne Lust darauf, frohe Weihnachtsmelodien oder irgendwelche Lieder zu trillern, so wie noch am Anfang dieser Ferien, sitze ich hier und trauere irgendeinem Typen nach.* Aber in diesen Moment wurde mir klar, dass es sich nicht lohnte, einem Typen nachzutrauern, der so unendlich bescheuert war. Ich saß eine gefühlte Ewigkeit draußen, als, na, wer sonst, Luke zu mir kam. Ich sah ihn nur wütend an und fragte: „Was willst du hier?" „Ich wollte mich entschuldigen wegen gestern, ich hab echt nicht gewusst, dass sie kommen wird oder dass sie überhaupt noch an mich denkt", erklärte er mir eingeschüchtert. Ich sah ihn an. „Okay, ich glaube dir." Ich sah, wie sein süßes Lachen auf seinen Lippen entstand und er fragte: „Das heißt, es ist wieder alles gut?" „Könnte sein!", sagte ich lächelnd und stand auf. Ich ging wieder in die Hütte und schmiss mich zu meinem Teddy und schaute ein bisschen fern, aber mit einem kleinen Schmunzeln auf den Lippen. Einerseits, weil ich endlich über ihn hinweg war, aber andererseits, weil er wieder dieses Lächeln gehabt hatte.

Um circa 10 Uhr standen die zwei Faulpelze auch endlich auf. „Morgen", flüsterte Darana im Halbschlaf. Und dann kam Marissa, sie war nicht mehr so müde wie Darana, sondern sie sprang, aus einem mir unergründlichen Grund, in der Gegend herum. „Hast du narrische Schwammerl gegessen?", fragte Darana. „Nein, in drei Tagen ist Weihnachten und ich liebe Weihnachten", sagte Marissa. Wir lachten und sie machten sich Frühstück. Ich sah zu ihnen und rief in die Küche: „Hey, macht ihr mir bitte Müsli mit warmer Milch?" Als sie es mir bringen wollten und mich sahen, lachten sie, weil ich auf dem Teddy eingeschlafen war, und zwar mit dem Kopf nach unten und den Füßen nach oben. Ich musste echt müde gewesen sein, dass ich so eingeschlafen war. Durch ihr Lachen wurde ich wieder wach „Hm?", meinte ich verschlafen und wischte mir den Sabber vom Mundwinkel. „Hier, dein Frühstück, Nelia", sagte Darana. Ich sah zu ihr und nahm das

Tablett. „Danke." Als es circa 12 Uhr war, gingen wir alle eine Runde mit Malvin, und als wir wieder zurück waren, hing ein Brief an der Tür. Marissa nahm ihn, denn ich hatte nicht mal bemerkt, dass er dort hing. Als wir im Haus waren, öffnete Marissa unbemerkt den Brief und las ihn. Darin stand:

Liebe Nelia!
Bitte hör mir zu oder lies wenigstens diesen Brief. Ich habe versucht, dir das zu erklären, aber du hast nie richtig zugehört, und deswegen erkläre ich es dir jetzt. Freja ist nur meine Ex-Freundin und gekommen, weil meine Schwester sie angerufen hat. Ich wollte sie nie wiedersehen, nachdem sie mir das Herz gebrochen hat. Ich habe nicht mal gewusst, dass sie überhaupt noch an mich denkt. Deswegen glaub mir, bitte! Ich bin nicht so ein Typ, der nur wegen seiner Ex eine neue Freundin sucht, um sie eifersüchtig zu machen. Ich meine, das ist zehn Jahre her, da ergibt es ja gar keinen Sinn, dass sie jetzt auftaucht!
Seit ich dich auf der Tankstelle zum ersten Mal gesehen habe, als du in mich reingelaufen bist, muss ich ständig an dich denken. Denn wenn ich dich sehe, dreht sich meine ganze Welt. Ich mag dich, weil du mich zum Lachen bringst und du einfach in allem und jedem das Gute siehst. Wenn die Sonne in deine Augen scheint, dann leuchten sie hell auf. Ich liebe dein kleines Stupsnäschen, dein Lächeln, deine kleinen Grübchen, deinen Schönheitsfleck über deiner Lippe, und ich mag es, wenn du mir mit zerzausten Haaren und im Pyjama die Tür aufmachst. Mit deiner verrückten, aufgeweckten Art bringst du immer und überall gute Laune. Du bist der Mensch, in dem ich meine Zukunft sehe, du bist der Mensch, mit dem ich alt werden will. Also, bitte glaub mir, ich empfinde nichts mehr für Freja und ich wollte sie auch nicht eifersüchtig machen mit dir. Ich meine, wie denn? Sie war zu diesem Augenblick ja nicht einmal hier. Ich mag dich wirklich, also hoffe ich, du kannst mir verzeihen. Sonst muss ich immer irgendwelche Ausreden finden, damit ich dich sehen kann. Also, ich hoffe, du kannst mir verzeihen.
In Liebe, dein Luke

Kapitel 5

Marissa traten Tränen in die Augen, der Brief berührte sie sehr und sie holte Darana, damit sie ihn auch durchlas. Darana nahm den Brief und fing an zu lesen. Auch Darana war sehr gerührt und sie fragte Marissa: „Sollen wir ihr den geben?" „Ich weiß nicht, vielleicht würde es ihr besser gehen, aber was wenn nicht? Wir sollten ihn für einen besonderen Moment aufbewahren.", schlug Marissa vor. Als ich zu ihnen trat, taten sie, als wäre nichts. „Hey, ich fahre schnell in die Stadt, ich muss was besorgen für Malvin", sagte ich zu ihnen und zog meine Jacke an. Ich fuhr los, und als ich ankam, ging ich sofort in das Einkaufszentrum, um für Darana und Marissa etwas zu kaufen, aber ich wusste nicht, was sie haben wollten. Ich ging in den Erlebnis-Shop und suchte tolle Erlebnisse. Ich fand sogar die passenden Geschenke, für Marissa nahm ich eine Fotodecke für zwei, also für sie und ihren Freund. Und für Darana einen Koffer, weil sie im Sommer mit Matteo in den Urlaub fahren wollte. Und zusätzlich ein Wellness-Wochenende für uns drei. Ich hoffte, es würde ihnen gefallen. Als ich gehen wollte, kam ich bei einem Stofftier-Geschäft vorbei und sah drei Teddys, die hatten grüne Glupschaugen, und jeder hatte eine andere Farbe. Der erste war rosa, der zweite war grün und der dritte war blau, sie sahen so süß aus. Ich ging hinein und kaufte sie sofort. Wieder zu Hause, ging ich schnell ins Zimmer und versteckte die Geschenke in meinem Kleiderschrank. Bei diesem ganzen Weihnachtsspektakel und allem rundherum hatte ich mein verlorenes Armband schon ganz vergessen. Ich hatte mich aber gefragt, wieso ich mir überhaupt so einen Kopf gemacht hatte, meine Oma würde es überleben, wenn ich ihr sagte, dass ich es verloren hatte. Hoffte ich zumindest.

Ich ging wieder ins Wohnzimmer und rief nach Darana und Marissa, weil ich sie nicht finden konnte. Ich sah noch mal nach draußen und da sah ich sie aus der Hütte von Luke und Miranda kommen. Als sie wieder an unserer Hütte ankamen, sah ich sie schief an und fragte: „Aus welchem Grund genau wart ihr bei Luke und Miranda?" Sie sahen zu mir, dann sahen sie sich gegenseitig an und dann wieder zu mir. „Ähm, wir haben nur nachgefragt, ob sie heute zum Essen kommen wollen, ich meine, nur weil du sie hasst, können sie doch trotzdem noch zum Essen kommen, also ja, sie kommen um 18 Uhr", sagte Marissa. Ich verdrehte die Augen und ging zu Malvin auf die Couch und sah fern. Marissa und Darana fingen an zu kochen und ich dachte mir nur: *Wer braucht bitte drei Stunden zum Kochen?* „Hey, hilfst du uns bitte, wir machen Ratatouille, und du machst das beste Ratatouille. Bitte, Nelia, bitte", flehte Darana mich an. Weil ich mir das nicht länger anhören wollte, ging ich hin und kochte mit. Um halb sechs waren wir fertig mit dem Kochen und deckten den Tisch. Natürlich mussten die zwei Namenskarten schreiben und mich und Luke einander gegenüber setzen und auf den Tisch eine Kerze stellen wie bei einem Candle-Light-Dinner. Ich sah sie ungläubig an und fragte: „Ernsthaft?" Sie lachten und zuckten mit den Schultern. Es klingelte, Marissa rannte zur Tür und machte auf. „Hallo", sagte sie. Miranda und Luke kamen herein. „Hallo", sagten die beiden und gingen zum Tisch. „Hier, wir haben eine Flasche Wein mitgebracht", sagte Luke und gab Marissa die Flasche. Wie saßen, wie Marissa und Darana geplant hatten, einander gegenüber am Tisch. Ich sah ihn die ganze Zeit über nicht an, aber er sah mich sehr wohl die ganze Zeit an, bis ich es nicht mehr aushielt und aufstand. Ich ging in die Küche, holte mir eine Nachspeise aus dem Kühlschrank und setzte mich auf die Kücheninsel. Marissa kam herein und fragte: „Was ist los, wieso sitzt du hier?" Ich sah sie ungläubig an, zog die Braue hoch und fragte: „Echt jetzt, dein Ernst, denk mal scharf nach." Sie sah zum Tisch und dann sah sie mich wieder an. „Oh, verstehe. Ja, ich weiß, es war ein Fehler, dich gegenüber von Luke zu setzen, aber es ist schon nicht die Hölle", sagte Marissa. Dann ging sie wieder zum Tisch. Ich sah hin und sie winkte mich her; aber ich verdrehte die Augen. Ich überwand meine „Ich hasse Typen wie Luke"-Gedanken und ging zu ihnen. „Hey, es ist schon spät, ich hau mich ins Bett und sehe mir noch kurz was an. Gute Nacht", sagte ich und ging hinauf. Luke sah mir nach. Als ich im Zimmer war, zog ich mir meinen Pyjama an und schmiss mich ins Bett, als es an der Tür klopfte. Ich blickte hinüber und Luke öffnete die Tür. Ich sah ihn erschrocken an. „Was machst du denn hier?", fragte ich ihn verwundert. Er kam ins Zimmer und sagte: „Ich wollte mich nur für heute entschuldigen, ich hab ihnen gesagt, dass sie das nicht tun sollen, aber sie haben offensichtlich nicht auf mich gehört." Ich sah ihn an und sagte bedrückt: „Ja, klar, ist nicht so schlimm. Ich möchte mich jetzt gerne ausruhen, bitte. Ähm, kannst du die Tür zumachen, wenn du gehst, bitte." Er nickte und ging. Ich fing an zu schmunzeln, aber ich war auch irgendwie peinlich berührt, weil er mich im Pyjama und mit zerzausten Haaren gesehen hatte. Ich versank im Erdboden. Je länger ich darüber nachdachte, desto müder wurde ich und ich schlief ein. Als ich wieder aufwachte, war irgendwie alles seltsam. Ich hatte plötzlich einen Ring am Finger und mein Armband war wieder an meinem Handgelenk. Na ja, ich dachte mir nicht viel und ging hinunter zum Frühstücken. In der Küche stand Luke, ausgerechnet Luke. „Was machst du in meiner Küche, Luke?", fragte ich. Er sah mich verwundert an. „Deine Küche? Ach Liebling, hast du nach sechs Monaten noch immer nicht realisiert, dass wir verheiratet sind und in vier Monaten Zwillinge bekommen?" Ich starrte ihn an und dann auf meinen Bauch. Oh mein Gott, da war eine Wölbung! Ich ging schnell ins Wohnzimmer, und da sah es eigentlich aus wie immer. Ich war vollkommen verwirrt. Es klingelte und ich ging zu Tür. Es waren Marissa, Darana und Miranda. Ich schaute entsetzt, ich hatte gedacht, sie würden sich nicht mögen, und jetzt rannten alle drei mit frisch gefärbten blonden Haaren und je einer rosa Baskenmütze auf dem Kopf herum, und alle hatten die gleichen Kleider an. Jetzt sahen Darana und Marissa wirklich aus wie Zwillinge. Mir wurde das alles zu viel. Ich raste zur Treppe und wollte in mein Zimmer rennen, als ich auf einmal voll auf meinen Bauch knallte. „Ah!", schrie ich, als ich aus meinem Bett sprang. *Puh, das war alles nur ein Traum, oder?,* dachte ich und starrte auf meinen Bauch, auf meine Hand und auf meine Finger. Keine Babys, kein Ring und kein Armband. Das Letztere fand ich eher schade, aber mittlerweile hatte ich begriffen, dass mich meine Granny so oder so köpfen würde. Ich stand auf und ging hinunter und sah auch dort nach, ob alles normal war und Luke nicht in meiner Küche stand. Gott sei Dank nicht. Darana und Marissa kamen in die Küche und machten sich einen Kakao. „Guten Morgen, habt ihr gut geschlafen, ich schon, wieso fragt ihr, ich sag nichts, lasst mich in Ruhe", wurde ich hysterisch. Sie sahen mich verwirrt an und Darana sagte: „Okay, ja, ich hab gut geschlafen, und ich glaube, Marissa auch." „Hast du vielleicht etwas geträumt?", fragte Marissa. Ich sah sie verlegen an und erzählte ihnen alles. Sie schauten mich seltsam an und lachten mich aus. Ich schüttelte den Kopf. Ich ging ins Wohnzimmer und sang „Underneath the Tree" von Kelly Clarkson. Darana und Marissa sahen mich fragend an. „Seit wann singst du vor anderen, und vor allem, seit wann singst du alleine?", fragte Marissa. Sie lachten und packten die Geschenke ein. Ich ging zum Fenster und sah Luke, wie er zu seinem Auto ging. Ich holte meine Jacke und sagte Darana und Marissa, dass ich schnell was von unserem Auto holen müsste. Sie sahen aus dem Fenster und sahen mich mit schiefem Kopf an. „Ja, genau, du willst nicht nur hinausgehen, weil Luke dort herumsteht", sagte Darana lachend. Ich rollte die Augen und ging hinaus, wo Luke mich gleich sah. „Hey Nelia, wie geht's dir?", fragte er. Ich versuchte, ihn nicht anzusehen, aber es gelang mir nicht. Ich sagte aber kein Wort und ging zum Auto, derweil ich tapfer versuchte, Luke zu ignorieren, redeten Darana und Marissa über mich und Luke. „Hey, Nelia versucht Luke zu ignorieren", sagte Darana. Marissa lachte: „Ja, aber sie passen gut zusammen und sie ist bestimmt nur wegen Luke hinausgegangen, wetten wir?" Sie sahen sich an und dann wieder aus dem Fenster. Ich suchte im Auto irgendetwas und nahm dann einfach die CD, die in der Mitte lag. Ich sperrte das Auto wieder zu, sah noch einmal zu

Luke, drehte mich um und schmunzelte. Ich sah, dass Darana und Marissa mich und Luke durchs Küchenfenster beobachteten. Ich sah sie mit leicht finsterer Miene an und verschränkte die Arme. Als sie mich sahen, gingen sie so schnell wie möglich vom Fenster weg. Ich ging in die Hütte und setzte mich auf das Sofa. Ich sah Marissa und Darana vorwurfsvoll an. „Was denn, wir haben nicht spioniert", sagte Marissa. Ich sah sie weiter an. „Ich bin nicht hinausgegangen, weil Luke draußen war. sondern, weil …, weil …, weil, was anderes könnt ihr nicht beweisen." Die zwei sahen mich ungläubig an. „Okay, ja, ich gebe zu, vielleicht … Möglicherweise … Vermutlich bin ich wegen Luke hinausgegangen", flüsterte ich. Wir lachten und sie packten die Geschenke fertig ein. Ich nahm die Fernbedienung und sah die Weihnachtsfilme durch, als plötzlich etwas auf meinen Schoß hüpfte. Ich erschrak und sah, dass Malvin es sich auf meinem Schoß gemütlich gemacht hatte. Es sah so lustig aus. Er ließ seinen Kopf herunterhängen und lag mit dem Bauch nach oben. Ich kraulte ihn. „Hey, wo ist die kleine Weihnachtsmütze?", fragte ich Marissa und Darana. „Sie müsste neben dem Christbaum auf dem Sessel liegen", rief mir Darana zu. Ich hob Malvin vorsichtig auf und holte die Mütze. Ich setzte sie ihm auf und jetzt sah er aus wie ein kleines Baby-Hunde-Rentier mit Weihnachtsmütze. Ich zeigte es Darana und Marissa. Sie lachten sich kaputt. Das Lustigste daran war, dass Malvin die ganze Zeit über schlief und nichts mitbekam. Ich legte Malvin auf die Couch und ging leise in die Küche. „Hey, übermorgen kommt unsere Familie und ich wollte fragen, ob wir eine große Überraschung planen sollen", fragte ich die zwei. Und wie immer antworteten sie gleichzeitig: „Ja natürlich, nur was für eine?" Ich überlegte, aber kam auf keine Idee, blöderweise. „Na ja, wir haben noch zwei Tage Zeit", sagte Marissa. Darana und ich nickten und ich ging ins Zimmer und holte mir meine Haube, Handschuhe, Kamera und ging hinaus. Ich wollte ein paar schöne Fotos machen für meine Website. Ich fotografierte in Richtung Lukes und Mirandas Hütte und sah das Foto an, als ich bemerkte, wer darauf war. „Luke." „Hast du mich gerade fotografiert?", fragte er. Ich sah ihn mit schiefem Kopf an „Nein, du bist in mein Bild gewandert", schnaufte ich ihn an. Er lachte. Ich schüttelte den Kopf. „Frohe Weihnachten noch", wünschte ich und wollte gehen, als Luke meine Hand nahm und mich an sich heranzog. Wir standen drei Zentimeter voneinander entfernt. Er wollte mich küssen, ich hätte eigentlich nicht gezögert. Aber dann musste ich wieder an Freja denken und an das, was Miranda gesagt hatte, und ich rannte in die Hütte zurück. Und wer hatte wieder vom Fenster aus spioniert? Ich stampfte in mein Zimmer. Darana und Marissa kamen mit meinem lieben Teddy die Treppe hoch ins Zimmer. „Hey, alles in Ordnung?", fragte Marissa. Ich schnaufte und erzählte ihnen von vorher mit Luke. Sie setzten sich zu mir und redeten mit mir. „Es wird sicher wieder alles gut, ich sehe keinen Grund, wütend zu sein, ich meine, es ist schon nicht die Welt, wenn ein Junge dich küssen will, außer …" Darana schaute auf. „Außer du stehst total auf ihn und es ist dir peinlich." Darana sah mich an und Marissa tippte mir auf die Stirn. „Du, Nelia Nora Larsen, stehst du auf Luke Noah Pietersen?", fragte Marissa aufgeregt und gleichzeitig erschrocken. Ich sah sie schmunzelnd an und steckte meinen Kopf ins Kissen. Sie lachten, ich sah wieder auf und sie kreischten: „Wir wussten es, jetzt kannst du uns nichts mehr verschweigen, Nelia Nora!" Ich grinste übers ganze Gesicht. „Nur weil ich grinse, heißt das nicht, dass ich etwas zugebe." Ich legte mich wieder hin und sie ließen mich alleine, weil sie nämlich schon wieder einmal schnell in das Einkaufszentrum mussten, um noch eine neue Rolle Geschenkpapier zu kaufen. Denn wenn die zwei etwas mit Geschenkpapier einpacken, dann sind in fünf Minuten vier Rollen leer. Derweil sie wegfuhren, ging ich ins Badezimmer und nahm ein Bad. Als ich in der Badewanne lag, dachte ich über Sachen nach wie zum Beispiel, warum wir eigentlich so oft ins Einkaufszentrum fuhren und wieso ich eigentlich wütend war, ich meine, er war ja nur ein Junge! Ich machte mir keine Sorgen mehr darüber und genoss mein Weihnachtszauberbad und tauchte ein paarmal unter. Nach circa einer Dreiviertelstunde ging ich ins Zimmer und zog mir etwas Bequemes an. Als ich wieder hinunterging, kamen Darana und Marissa zur Tür herein mit fünf Taschen voll Geschenkpapier. Ich sah sie mit offenem Mund an und lachte. „Wie viele Geschenke habt ihr noch?", fragte ich. Sie sahen mich an „Na ja, drei bis vier oder weniger", sagte Marissa leise. Ich konnte nicht mehr stehen bleiben vor lauter Lachen. Ich ging zu ihnen und nahm mir drei Rollen Geschenkpapier. „Hey, ich nehme mir gleich welches und packe meine Geschenke ein." Ich ging noch mal schnell hinaus, um die Geschenke aus dem Kofferraum zu holen, weil ich sie letztens noch mal aus dem Kasten rausgeholt und dann in den Kofferraum gepackt hatte, sonst hätten die zwei sie sofort gefunden. Ich ging vor die Hütte und stellte sicher, dass Luke nicht draußen herumlungerte und auf mich wartete. Zum Glück nicht. Ich rannte schnell zum Auto, und so schnell es im Schnee ging, rannte ich wieder zurück. Als ich endlich mit dem Einpacken fertig war, ging ich zu meinem Laptop, lud die Fotos auf meine Website hoch und sah meine Bewertungen und Kommentare an. Bei einen Weihnachtsbild Stand: „Super Foto, bist das du und dein Freund?"

Auf dem Foto war ein junges Paar, das sich vor einem Weihnachtsbaum küsste. Ich wurde traurig, keine Ahnung, wieso. Mit der Zeit wurde es später Nachmittag und Darana, Marissa und ich gingen eine große Runde mit Malvin spazieren, ich glaube, wir waren circa viereinhalb Stunden unterwegs. Als wir endlich wieder zu Hause waren, fielen wir auf die Couch. „Puh, das war ein endlos langer Spaziergang", schnaufte Darana. Marissa sah sie geschockt an: „Was? Das war schon wieder viel zu viel Sport für dieses und die nächsten fünf Jahre." Wir lachten und ich stieß Marissa vor Lachen versehentlich von der Couch. „Upsi, sorry, das war unabsichtlich", sagte ich lachend. Marissa sah mich an und sagte aus Spaß: „Das sagen sie dann alle." Darana drehte das Radio auf und wir tanzten wild herum; als es plötzlich an der Tür klopfte, wir erschraken so, dass wir schrien. Darana ging zur Tür und öffnete sie gerade einen Spalt, als sie schon freudig aufschrie. Marissa und ich sahen uns an und zuckten mit den Achseln. Darana machte die Tür weiter auf und sprang einen blonden Jungen mit grünen Augen, der um circa 50 Zentimeter größer war als Darana, in den Arm. Als Marissa auch zur Tür sah, kreischte sie und rannte zu einem Jungen, der ebenfalls blond war und blaue Augen hatte. Es waren Matteo und Mikkel, die lustigerweise auch sehr gleich aussahen, aber nicht einmal verwandt waren. „Hey, wie geht's, Nelia?", sagten die zwei. Ich ging näher zu ihnen hin und sagte: „Gut, und euch?" „Auch gut." Marissa drückte Mikkel so fest, dass es ihn fast zerriss. „Wir hätten gedacht, dass ihr erst zu Weihnachten kommt mit unserer Familie." „Wir wollten euch überraschen und wir haben ein paar Weihnachtsgeschenke für euch. Eines davon ist ein Kuss", sagte Matteo. Sie kamen herein und machten endlich die Tür zu, es wurde schon ganz schön kalt. „Wollt ihr einen Kakao mit Marshmallows?", fragte ich die beiden. „Ja klar, bitte", sagte Mikkel. „Ach ja, bevor ich es vergesse, wisst ihr noch, wie wir sechs früher immer Shoppen gegangen sind im Likàél-Shoppingcenter, wie wir mit dem Zug immer hin und her gefahren sind, und dann sind wir immer ins Kino gefahren, und vielleicht erinnert ihr drei Mädels euch noch an Jona?", fragte Mikkel uns. Marissa, Darana und ich sahen uns an und sagten: „Ja klar, wieso?" Mikkel ging zur Tür und sagte: „Ähm, weil ich oder wir eine Überraschung für euch haben, und die steht vor der Tür." „Mach noch eine sechste Tasse Kakao, Nelia", sagte Matteo beiläufig. Als Mikkel die Tür öffnete, kam ein brünetter Junge mit Haselnussbraunen Augen herein. „Jona! Was machst du denn hier?", freute sich Marissa und ging ihn umarmen. „Hi, Jona", ging ich hin und drückte ihn ganz fest. Dann ging auch Darana hin und umarmte ihn so fest, dass Matteo fast eifersüchtig wurde. „Hi." „Hi, Leute, schön euch wiederzusehen, wie geht's euch so?", fragte Jona. „Uns geht's gut, und dir? Du bleibst hoffentlich über Weihnachten", sagte Marissa. Jona zog sich die Schuhe aus und meinte: „Ja klar, sonst würde es sich doch nicht lohnen herzukommen, und danke, mir geht's gut."

Wir gingen alle in die Küche und tranken unseren Kakao, als mir einfiel, dass ich jetzt für Jona auch ein Geschenk kaufen musste. „Ähm, ich muss noch mal runter in die Stadt, um neuen Kakao zu kaufen, und ich kauf gleich alles für übermorgen ein, damit wir kochen können, und ich hol uns noch ein paar Filme, Popcorn, flauschige Decken und so weiter, okay? Und ihr könnt den dreien ihre Zimmer zeigen, wir haben ja genug davon", sagte ich zu den anderen und ging hinaus zum Auto. Als ich beim Auto war, merkte ich, dass ich meinen Autoschlüssel vergessen hatte und ich ging wieder zurück. Als ich ihn hatte, ging ich wieder zum Auto und stieg ein, als auf einmal wer vor dem Autofenster stand. Nach einem kurzen Schreck ließ ich das Fenster hinunter und fragte mit ruhiger Stimme: „Ja, Luke, was willst du jetzt schon wieder?" Er sah mich mit seinen schönen ozeanblauen Augen an und sagte: „Ich wollte fragen, ob du in die Stadt fährst, weil ich wollte auch noch schnell hinunter, aber Miranda ist mit dem Auto ins Spa gefahren und das kann noch dauern, aber die Geschäfte schließen bald, und morgen ist Sonntag", sagte er, ohne Luft zu holen. „Luke, komm runter und atme, ja, ich nehme dich mit, wenn dein Gesicht zwei Meter von meinem wegbleibt, okay!", sagte ich mit angespannter Stimme. „Zu Befehl, Madam!", grinste er und setzte sich auf den Beifahrersitz. Wir fuhren los. Eigentlich war ich froh, dass er mitkam, aber das zeigte ich natürlich nicht. Derweil wir in die Stadt fuhren, zeigten Darana und Marissa den drei Jungs die Zimmer. Da fragte Matteo: „Hey, wer war das, der zu Nelia ins Auto gestiegen ist?" „Uh, hat Neli endlich einen Freund?", fragte Mikkel neugierig. „Du weißt, dass du sie nicht immer Neli nennen sollst", sagte Marissa. Darana sah zu Matteo und sagte: „Nein, er steht auf sie, sie steht auf ihn, will es aber nicht zugeben; das ist so ein Hin und Her, also, wir verstehen es nicht, keine Ahnung, wie's euch dabei geht." „Wie heißt er denn?", fragte Jona. „Luke", sagte Marissa. „Ah ja, Jona, wenn du noch keine Freundin hast, er hat eine Schwester, Miranda heißt sie, sie ist aber sehr gemein", fügte Darana hinzu.

Als ich endlich in der Stadt war, wusste ich nicht, was ich für Jona kaufen sollte, und mir war eingefallen, dass ich für Matteo und Mikkel auch noch nichts hatte, das hatte ich unter dem ganzen Trubel vergessen. „Du bist ja ein Junge, und da wollte ich fragen, was schenkt man einem Jungen zu Weihnachten, weil ich hab keine Idee, was ich den Freunden von Darana und Marissa schenken soll, und jetzt ist auch noch ein alter Freund von uns aufgetaucht, aber ich hab echt keinen Schimmer, was ich ihm schenken soll", erzählte ich aufgeregt. Luke blieb stehen und sah mich an: „Na ja, kommt darauf an. Was mögen sie gern oder sammeln sie was? Dann könntest du ihnen so etwas holen zum Beispiel." Ich überlegte und hatte eine Idee. Ich ging schnell zum Sammlerladen, wo es von Sammelfiguren bis Sammelmessern alles gab. Ich kaufte Jona ein Messer aus dem Jahre 1915. Für die anderen Jungs besorgte ich jeweils ein Videospiel, weil sie davon abhängig waren. Als ich wieder zum Auto gehen wollte, kam ich an einem schicken Geschäft vorbei, wo in der Auslage ein Armband lag, das aussah wie mein Armband. Ich hatte für eine Sekunde den Gedanken, es mir zu kaufen, damit Grandma nichts merkte, aber dann sah ich den Preis und ging gleich weiter. Ich zahlte doch keine 299.764 Kronen für ein Armband, ich meine, ich war doch nicht bekloppt. Das könnte ich in Raten abzahlen, aber da wäre ich 21793 fertig und das wäre in 1780 Jahren. Ich musste wieder daran denken, dass Oma in zwei Tagen kam und ich musste ihr wohl oder übel ohne mein Armband gegenübertreten. Schöne Weihnachten, Granny. Ich schlenderte Richtung Ausgang und suchte derweil Luke, als mir einfiel, dass wir ja eine Überraschung haben wollten für unsere Familie, das hatte ich total vergessen. Als ich Luke endlich sah, ging ich schnell zu ihm hinüber. „Hey, hast du alles, die Geschäfte sperren gleich zu", sagte ich zu Luke. Er zählte seine Tüten und drehte sich wieder zu mir. „Ja, ich bin fertig, aber du siehst so gestresst aus, was ist los?" Ich sah ihn mit schiefem Kopf an und holte tief Luft: „Na ja, Darana, Marissa und ich wollten eine Überraschung für unsere Familien vorbereiten, aber wir wissen nicht, was, wo oder wie." Er sah auf und grinste heimtückisch: „Na ja, du könntest meine Freundin werden und das wäre dann eine echte Überraschung." „Ja, genau, warum nicht", sagte ich mit ernster Stimme. Er lachte. Als wir endlich wieder zu Hause waren, war es schon spät und ich ging schnell in die Hütte, wo Darana, Marissa, Matteo, Mikkel und Jona schon auf mich warteten. „Hey, ich bin wieder da und hab alles für das Essen eingekauft", sagte ich und ging in die Küche. Darana drehte sich Richtung Küche und fragte neugierig: „Und habt ihr euch wieder geküsst oder hast du ihn erfolgreich ignoriert?" Ich sah sie mit schief gelegtem Kopf an. „Weder noch, wir haben geredet." „Warte, was, ihr habt euch geküsst? Erzähl alle Einzelheiten", rief Matteo. „Ja, und ich wollte das gar nicht, er hat sich entschuldigt, weil es über ihn gekommen ist", sagte ich leise. Die drei Jungs sahen mich an und lachten. „Haha, wie lustig, ich lach mich tot", sagte ich und verschwand ins Zimmer. Ich packte schnell die anderen drei Geschenke ein und versteckte sie. Danach zog ich mir meinen flauschigen Jumpsuit an und ging wieder ins Wohnzimmer. Als ich die Stiege hinunterging, sah ich, wie alle auf der Couch saßen und sich einen Film ansahen, den ich gekauft hatte. Da bemerkte ich, dass es nicht fünf Leute waren, die dort saßen, sondern sieben Leute. Ich wunderte mich und ging hinunter, als ich sah, wer dort saß. Luke und Miranda. Na toll, was machten die denn hier? „Hey, Leute ich bin auch noch da, habt ihr mir keinen Platz freigehalten?", fragte ich die faulen Säcke, die sich keinen Millimeter bewegten. „Hallo!" Sie sahen mich an, Jona setzte sich zu Miranda und fing an, mit ihr zu flirten. Und ich musste mich neben Luke setzen. Ich sah Marissa, Darana, Matteo, Mikkel und Jona grimmig an. Sie zuckten mit den Schultern und blickten wieder auf den Fernseher. Ich saß mit verschränkten Armen da und sah mir den Film in Ruhe an. Ich hatte die ganze Zeit das Gefühl, dass Luke seine Hand auf meinen Schoß legen wollte, dennoch tat er es aber nicht. Er hatte seinen Arm schlussendlich hinter mir ausgestreckt. Nach dem Film gingen Marissa, Darana und ich in die Küche und ich fragte sie: „Hey, was ist jetzt eigentlich mit der Überraschung, die wir für unsere Familie machen wollten?" Sie sahen mich an und zuckten mit den Schultern. „Keine Ahnung", sagten sie. Ich machte mir eine heiße Schokolade und setzte mich auf die Couch. Die anderen waren derweil in die Küche gegangen und richteten das Abendessen her. Da kam Luke zu mir. „Hey, was machst du?" Ich sah ihn an und sagte: „Ich lese ein Buch und trinke Kakao, und du?" „Ähm …

Ich warte, bis das Essen fertig ist, und weil alle anderen reden oder mit Kochen beschäftigt sind, hätte ich mir gedacht, vielleicht kann ich mit dir reden?", fragte er schüchtern. Ich sah ihn an und lachte: „Du hast dich gerade angehört wie ein 10-jähriger Junge, aber ich würde jetzt gerne lesen, ich muss mit dem Buch übermorgen fertig werden, mein Grandpa hat mich angewiesen es zu lesen und ihm dann zu berichten, wie ich es gefunden habe und so weiter." „Ja, schon klar. Ich frag einfach Marissa und Darana, ob ich ihnen beim Kochen helfen kann. Oder willst du mir jetzt schon was über das Buch erzählen?", fragte er. „Klar, ähm, ich brauch nur mehr 10 Seiten und es ist sehr spannend, muss ich sagen. Es geht um zwei Leute im zweiten Weltkrieg, die in einander verliebt sind, aber sie war Jüdin und er ein Deutscher Soldat, daher war es ihnen verboten, zusammen zu sein. Sie sind es aber trotzdem, er versteckt sie in einem Bunker und wie das ausgeht muss ich erst lesen." „Das klingt wie bei Romeo und Jula, nur ohne die Familien und hoffentlich, ohne dass beide am Schluss sterben.", lächelte er. „Ja, da hast du recht." „Erzähl mir dann wie es ausgeht", sagte er und ging zu den anderen in die Küche. Als ich fertig war mit dem Buch, ging ich zu den anderen in die Küche und half aufdecken. Ich drehte mich zu Luke und stupste ihn an: „Das Buch ging sehr spannend aus, es ist echt lesenswert." Er sah mich an: „Na dann muss ich das Buch auch lesen." Ich deckte den Tisch weiter auf und sah zu den Jungs. „Hey, habt ihr Jungs eine Idee? Wir wollen, wenn unsere Familien kommen, eine Überraschung machen oder vorbereiten, aber haben einfach keine Ahnung", erzählte ich. Ihnen fiel aber leider auch nichts ein. „Das Essen ist fertig", sagte Darana und wir gingen zum Tisch. „Heute gibt es im Offen gebackene Kartoffeln mit Salat und als Nachspeise Topfenknödel mit Erdbeerschaum", sagte Marissa und richtete das Essen an. „Mhmm, das klingt lecker", sagte ich und schleckte mir die Lippen ab. Ich wollte zu den Kartoffeln greifen und mir welche nehmen, als auf einmal etwas meine Hand berührte. Es war Lukes Hand, ich riss meine Augen weit auf und zog meine Hand zurück. Ich schaute zu allen, um zu sehen, ob es jemand gesehen hatte. Nachdem endlich alle etwas genommen hatten, nahm ich mir auch etwas. Ich kostete und mir rann der Speichel im Mund zusammen. „Oh mein Gott, das ist lecker, das habt ihr gut gemacht, Marissa und Darana, wie wäre es, wenn ihr das zu Weihnachten auch macht, weil ich hab heute genug Kartoffeln und so eingekauft." Sie sahen sich an und sagten: „Ja klar, wieso nicht?" Wir unterhielten uns noch stundenlang. Miranda und Jona verstanden sich prima, ich glaube, sie hatten sich ineinander verguckt. Luke und Miranda gingen erst um halb zwei in der Früh und wir waren so fertig, wir gingen alle gleich ins Bett und ließen alles stehen und liegen. Ich hatte einen seltsamen Traum und deswegen wachte ich schon um 4 Uhr morgens wieder auf und konnte nicht mehr schlafen. Deshalb ging ich hinunter und räumte den Saustall weg, der in der Küche und im Esszimmer herrschte. Als ich endlich fertig war, war es halb sechs morgens. *Also, wenn die zwei zu Weihnachten wieder kochen, ich räum nicht auf, das ist klar.*

Kapitel 6

Morgen war endlich Weihnachten und ich freute mich schon so auf meine Familie und auf die Familien von Marissa und Darana. Ich ging ins Wohnzimmer und sah mir einen Film an. Der Film war richtig cool, es war ein Film über eine Journalistin, die in ein Schloss kam und dann ging alles drunter und drüber und der Prinz verliebte sich in sie und im zweiten Teil, den ich mir auch noch anguckte, heirateten sie.

Langsam bekam ich Hunger und holte mir ein Müsli. Nachdem ich gefrühstückt hatte, ging ich hinaus und spazierte mit Malvin durch die Gegend, dabei hatte er überhaupt keine Lust. Er schlich langsamer hinter mir her als eine Schnecke. Nach einiger Zeit beschloss ich zurückzugehen, weil Malvin beim Gehen schon fast einschlief. Deswegen nahm ich ihn auf den Arm und trug ihn nach Hause. Als ich wieder zu Hause war, legte ich Malvin in sein Bettchen, ging in die Küche und da standen Matteo und Mikkel am Kühlschrank. „Guten Morgen, was macht ihr denn schon auf?", fragte ich die zwei. Sie sahen mich an und Matteo antwortete: „Wir stehen immer so früh auf, und außerdem schnarcht Jona fürchterlich." Ich musste lachen, weil die beiden sich immer wie ganz kleine Kinder verhalten, was ich eigentlich sympathisch finde. Ich ging ins Wohnzimmer und legte mich auf die Couch. Ich war extrem müde und mir fielen die Augen für eine Sekunde zu. Buchstäblich. Marissa und Darana kamen gleich herunter und sprangen auf die Couch. „Guten Morgen, Schlafmütze", sagte Marissa. Ich sah sie wütend an. „Hey, ich und Schlafmütze, ich bin um 4 Uhr aufgewacht und ihr um 8:47 Uhr, also bitte", sagte ich mürrisch. Ich mühte mich auf und ging wieder in die Küche zu den anderen. „Wie wäre es, wenn ich wieder Santa Pancakes mache?", fragte ich. Die fünf sahen mich an. „Ja, okay", bestätigten sie. Ich hatte mich gerade ans Werk gemacht, als das Telefon klingelte. Ich ging schnell hin und hob ab. „Hallo?" „Hi, Darana Anderson?" Ich wunderte mich und fragte: „Wer ist da?" „Ich bin Frau Totana von der Mekoka Tankstelle." Ich zuckte mit den Schultern und rief Darana. Sie kam hergerannt wie eine Irre: „Ja, ich komme schon. Hallo, hier ist Darana." „Hier ist Frau Totana von der Mekoka Tankstelle, wir haben doch ein Armband gefunden, aber es wurde von einem jüngeren Herrn mitgenommen, der sagte, dass es ihm gehört. Meine Kollegin hat es ihm mitgegeben." „Oh, das ist nicht gut, aber vielleicht war es wirklich ein anderes?" „Nein, tut mir leid, meine Kollegin sagte, es passte genau zur Beschreibung, tut mir echt leid." „Trotzdem danke. Auf Wiederhören." Darana legte auf und kam mit hängendem Kopf zu uns. Marissa fragte: „Was denn?" „Die Tankstelle hat das Armband hergegeben, und jetzt ist es für immer weg", sagte sie. „Oh", sagte Marissa. Sie gingen zu den anderen und setzten sich an den Tisch. „Hey, kann bitte wer aufdecken, sonst können wir nicht frühstücken", rief ich zum Esstisch. Matteo und Jona standen auf und holten die Teller. „So hier, bitte sehr, Santa Pancakes", sagte ich und tischte sie auf. Jona sah sie mit schiefem Kopf an. „Jetzt verstehe ich auch, wieso die Santa Pancakes heißen. Weil sie aussehen wie Santa Claus." Wir sahen ihn kopfschüttelnd an und lachten. „Ach echt, wäre ich nicht draufgekommen", meinte Marissa sarkastisch. Wir saßen da und aßen unsere Pancakes, als Darana fragte: „Hey, wollen wir das Radio anmachen?" Ich stand auf und schaltete es ein. Es kamen gerade die Nachrichten und der Wetterbericht. „Heute Nacht kommt es zu bis zu drei Meter hohem Schnellfall, bitte passen Sie morgen auf, wenn Sie eine längere Fahrt vorhaben." „Juhu, so viel Schnee", freute sich Marissa. Ich sah von meinem Teller hoch und sah die fünf an: „Hey, wartet mal, wenn es bis zu drei Meter Schneefall gibt und man aufpassen soll, wenn man länger unterwegs ist, was ist dann mit unseren Familien? Die müssen ja circa fünf Stunden mit dem Auto fahren!" „Stimmt, aber sie haben schon jahrelange Erfahrung mit dem Autofahren im Winter, also wird es nicht schlimm sein", erwiderte Marissa. Ich sah sie an und nickte. Ich machte mir aber trotzdem Sorgen.

Sobald wir mit dem Frühstücken fertig waren, räumte ich den Tisch ab. Es klingelte. „Mikkel, gehst du bitte schnell zur Tür?", rief ihm Marissa von der Küche aus zu. Mikkel öffnete die Tür. Ich sah hinüber und wollte nachsehen, wer es war. Wie immer war es natürlich Luke. „Hi, Mikkel, ähm, störe ich gerade?", fragte er. „Ja!", rief ich hinüber. Mikkel sah zu mir und ich deutete ihm an, dass er gehen sollte, doch wie ich Mikkel kannte, musste er ja unbedingt das Gegenteil von dem tun, was ich ihm sagte. „Nein, du störst überhaupt nicht, komm doch rein", sagte Mikkel. Ich sah ihn mit zusammengekniffenen Augen an und deutete ihm mit meinem Kopf an, dass er herkommen sollte. Er kam und das war ein Fehler für ihn. „Wieso hast du ihn hereingelassen, ich hab Nein gesagt", flüsterte ich wütend. Er sah mich an und sagte leise: „Na ja, er ist ein Freund von uns und außerdem wird er dich schon nicht fressen, glaub ich. „Echt jetzt?", sagte ich sauer und ging hinauf und zog mir ein anderes T-Shirt an, weil ich mich, als ich mit Mikkel geredet hatte, mit dem Schwamm angetropft hatte, und jetzt war alles nass. Nachdem ich mein nasses T-Shirt zum Trocknen aufgehängt hatte, ging ich wieder hinunter. Ich setzte mich an den Esstisch und las ein Buch. Da kam Marissa zu mir und fragte: „Wieso setzt du dich nicht zu uns?" Ich sah sie an und murmelte: „Ich will den zweiten Band des Buches lesen, und ich wüsste nicht, was ich mitreden sollte, ich mein, die reden bestimmt nur über Badminton oder Fußball, was weiß ich?" Marissa zuckte mit den Schultern und ging wieder zurück. Ich widmete mich wieder meinem Buch und blendete die Hintergrundgespräche aus. Matteo, Mikkel, Jona und Luke standen auf und zogen sich die Jacken an. „Wo wollt ihr denn hin, es ist Sonntag?", fragte Darana. Matteo drehte sich um und sagte: „Ein Freund von Luke war schon mal hier in der Nähe und hat ihm erzählt, dass eine Dreiviertelstunde von hier weg eine Spielhalle ist, da hat im Sommer sogar eine Go-Kart-Bahn offen." Sie stapften durch den Schnee zum Auto und fuhren los. Wir drei sahen uns an. „Was machen wir heute?", fragte ich die zwei. Sie sahen sich an und dann wieder zu mir. „Keine Ahnung, vielleicht gibst du endlich mal zu, dass du auf ihn stehst, und sagst uns endlich, wieso du es immer leugnest", schlug Darana blöderweise vor. Ich sah sie augenrollend an. „Haha, wie lustig ihr heute seid, ich lach mich tot", brummte ich wütend. Wir fingen an zu diskutieren. Okay, ich musste zugeben, sie hatten nicht ganz unrecht mit dem, was Luke betraf, aber hallo, würden sie es zugeben, wenn sie dasselbe erleben würden mit Matteo oder Mikkel? Die Diskussion wurde langsam zu einem kleinen Streit. Bevor die Situation eskalierte, schrie Marissa: „Hey, Leute hört auf zu streiten, wenn sie es nicht zugeben will, dann lassen wir es dabei, sie wird es schon merken, dass sie doch auf ihn steht!" Wir stimmten zu und umarmten uns ganz fest. Nachdem wir uns fast gegenseitig ausgequetscht hatten, ging ich in die Küche und machte uns einen Kakao. „Hey, sehen wir uns einen Film an?", fragte Marissa. „Nein, ich hab eine bessere Idee, wieso fahren wir nicht einfach auch zur Spielhalle und überraschend die Jungs?", schlug Darana vor. Kurz darauf saßen wir im Auto und fuhren Richtung Spielhalle.

Als wir dort waren, gingen wir hinein und suchten die vier Jungs. Sie standen gerade bei den Motorräderspielen, wo sie auf einem Motorrad saßen und vor ihnen ein Bildschirm eine Motorradstrecke zeigte, auf der sie ein Wettrennen fuhren. Die Halle sah lustig aus, weil bei dem „The Walking Dead"-Spiel den Zombieattrappen Weihnachtsmützen aufgesetzt worden waren und alles voller Weihnachtsschmuck war. Vor dem Ausgang stand Santa mit einem großen Sack voller Süßigkeiten, und jeder, der hinausging bekam eine Süßigkeit. Nachdem wir uns ein bisschen umgeschaut hatten, wollten wir zu den Jungs gehen, als wir sahen, dass dort ein Mädchen stand. „Hey, warte mal, ist das nicht Freja?", flüsterte Marissa Darana leise ins Ohr. Sie sah Marissa geschockt an. „Oh mein Gott, ja, das ist sie, was macht die denn hier?", fragte Darana geschockt. Ich bemerkte das gar nicht, ich war ganz vernarrt in das Spiel, das ein blonder Junge neben mir spielte. Darana und Marissa sahen derweil Freja zu, wie sie sich an Luke ankuschelte, als ob sie an ihm festgefroren wäre, und ihm dabei tief in die Augen sah.

Kapitel 7

Als ich mich umdrehen wollte, drehten mich Darana und Marissa wieder zurück. „Hey Nelia, komm, holen wir uns Tickets für das alles hier und spielen wir ein paar Videospiele, das macht doch bestimmt Spaß!", sagte Darana hektisch und wir gingen zum Schalter. Ich wunderte mich, aber wollte auch ein paar Spiele spielen. Wir bezahlten die Tickets und gingen wieder Richtung Matteo, Mikkel, Jona und Luke. Marissa ging vor, um nachzusehen, ob Freja noch da war. Das war sie! Darana konnte mich nicht mehr zurückhalten. Ich riss die Augen auf, als ich sah, was Freja tat. Sie stand circa zehn Zentimeter vor Luke und blickte ihm tief in die Augen. Sie küsste ihn. Ich konnte meinen Mund nicht mehr zumachen und starrte auf die zwei. Marissa hielt mir die Augen zu, als sie sich noch näher kamen. Ich schlug die Hand weg und rannte hinaus. Marissa und Darana sahen sich an und gingen schnell zu ihnen hin. „Hey, du, so viel zum Thema: ‚Nein sie ist meine Ex-Freundin, die mir das Herz gebrochen hat, und ich will sie ja nie wiedersehen' und so weiter und so fort", regte sich Marissa auf. Luke sah sie verwundert an: „Was macht ihr denn hier, und ist Nelia auch da?", fragte er aufgebracht. „Neli muss da sein, sie wird nicht alleine in der Hütte sitzen, während die zwei in eine Spielehalle fahren, sie liebt Spielehallen", sagte Mikkel. „Nenn sie nicht immer Neli, sie kann das nicht leiden", sagte Marissa aufgebracht. Mikkel rollte die Augen und ging einen Schritt zurück. Darana drehte sich zu Luke und sagte mit leicht aufgebrachter Stimme: „Sie ist rausgerannt und jetzt, glaube ich, ist sie im Auto oder so, aber das ist nicht das Thema." Luke sagte verwirrt: „Das war nicht das, wonach es aussah." Darana und Marissa sahen ihn mit hochgezogenen Brauen an. „Okay, dann hat es nur so ausgesehen, als ob ihr euch geküsst habt, in echt hat Freja dir ja nur mit ihrem Mund Senfreste von deinem Burger vom Mund abgewischt", schimpfte Marissa. „Jetzt pass mal auf, du kleines, vorlautes Ding. Wie du sehen kannst, ist hier ein Stand, auf dem ganz dick und fett *WARHEIT ODER PFLICHT* steht, und das haben wir gespielt. Und da hat dieser nette Herr eine Karte gezogen, auf der stand, Luke soll das Mädchen, das am nächsten bei ihm ist, küssen, und das war halt ich", gab Freja lauthals von sich. Darana schüttelte ihren Kopf und keifte zurück: „Aha, ja klar, du bist ja nur rein zufällig hier, neben Luke und den anderen Jungs." Die Situation eskalierte beinahe, als Matteo dazwischen ging. „Hey, hey Mädels, ruhig, bitte, ich erkläre es euch! Okay? Also, als wir hier ankamen, sind wir zum Schalter gegangen und danach hierher, und dann kam Freja her und begrüßte uns, weil sie mit ihrem neuen Freund da ist, der, wie ihr seht, dort drüben bei den Basketballkörben steht und gerade winkt." Marissa und Darana sahen zu den Basketballkörben hinüber und dort stand echt ein braunhaariger Junge mit dunkelgrünen Augen. Sie winkten zurück und sahen peinlich berührt zu Luke und Freja. „Ups, tut uns leid, nur es hat so ausgesehen, als würden Luke und du, Freja, wieder zusammen sein oder so", murmelten die zwei. Luke und Freja sahen sich an und lachten. „Ja, ich fand es zwar auch nicht so bezaubernd, dass ich sie küssen musste, aber es ist besser als irgendein fremdes Mädchen", sagte Luke lachend. Marissa und Darana rannten schnell zu mir ins Auto, wo ich mit zwei Flaschen Sekt saß, die ich an der Tankstelle neben der Spiele-Halle gekauft hatte. „Oh Mann, Nelia Nora Larsen, bitte leg die Flasche weg", schimpfte Marissa. Darana sah auf den Boden. „Hey Marissa, dort auf dem Boden liegt noch eine leere Flasche", seufzte Darana. Marissa wollte mir die Flasche wegnehmen, aber ich wehrte mich dagegen. „Hey, nein, das ist meine Flasche, du Lauch, nimm die mir nicht weg, ich hab Durst", lallte ich vollkommen dicht. „Nelia du bist ja voll betrunken, was ist mit dir los, seit wann trinkst du?", fragte mich Darana fassungslos. Ich hielt mir den Finger an die Wange und dachte nach: „Seit genau 20 Minuten, haha, ich hab nur 20 Minuten gebraucht, bis ich nur mehr vollkommenen Schwachsinn rede, uh, sieh mal, da steht ein Einhorn." Marissa drehte sich um und dort stand ein kleines Mädchen mit einem Haarreifen, der ein Horn oben hatte. Ich stand wackelig auf und rief hinüber: „Hey Einhorn, hier bin ich, komm doch her!" Das Mädchen rannte weg, weil ich ihr anscheinend Angst machte, was mir Marissa nachher vorhielt. „Hey, Einhorn, bleib da!", rief ich dem Mädchen nach. „Nelia, reiß dich zusammen! Du kannst nicht einfach einem kleinen Mädchen sagen, dass sie zu einer Fremden kommen soll", fuhr Darana mich an. „Erstens war das ein Einhorn, kein kleines Mädchen, oder haben kleine Mädchen seit neuestem Hörner, und zweitens, hicks, zweitens will ich mein Einhorn zurück, du hast es verjagt, du, du, du Darana, du. Ach ja fünftens gibt's ja auch noch, nein, warte, eins, zwei, fünf, acht, drei, ja genau, also fünftens: Ich glaube, ihr hattet recht, ich steh auf Luke", lallte ich. Darana und Marissa seufzten.

Da kamen Luke, Matteo, Mikkel und Jona aus der Halle und sahen, wie ich durch die Gegend wackelte. Als ich Luke sah, ging ich zu ihm. Ich lehnte mich an ihn und stocherte mit meinem Finger an seiner Brust herum, und dann tippte ich ihm auf die Nase. „Stups!" Ich hätte mich nicht noch peinlicher verhalten können. „Hey, du bist aber ein sch…, schnuckeliger Typ, bi…, bist du no…, noch Single oder muss ich zuerst jemanden loswerden?", stotterte ich. Luke sah Marissa und Darana verwundert an und die zwei zeigten ihm die zwei leeren Sektflaschen, die im Auto lagen. Luke nickte mit dem Kopf und sah mich an „Nelia, wir fahren jetzt nach Hause, wo du einen Liter Kaffee trinken und dich in die Badewanne hauen wirst." „Nein, ich lass mir nichts von dir sagen du, du, du Luke, du. Ich hab mein Armband verloren, ich hab mich in einen Typen verknallt, der ja anscheinend seine Ex-Freundin nicht leiden kann, aber sie trotzdem küsst, und ich habe gedacht, vielleicht kann das ja mal was werden, weil ich dich wirklich gerne mag. Und ich dachte, du magst mich auch gerne, aber das ist wohl nicht so. Ich wollte mich auch einmal im Leben verlieben, ohne dass der Typ ein totales Arschloch ist!", schrie ich lallend. „Aber das ist mir alles jetzt egal, das Einzige, das ich jetzt will, ist, ähm, was will ich denn, ach ja, ich will jetzt einen Kuss von dir", grinste ich Luke an. Er sah mich geschockt an. „Neli, den bekommst du sicher nicht, du bist vollkommen dicht." „Auf einmal nicht mehr, dann halt nicht, aber ruf mich an", flüsterte ich ihm zu.

Alle sahen mich an, als hätten sie jetzt volles Mitgefühl und Verständnis. „Hey Nelia, beruhig dich und steig ins Auto, du bist betrunken und sagst das jetzt nur so", schrie mich Darana an. Ich wollte Richtung Auto gehen, aber verlor das Gleichgewicht und dann auch das Bewusstsein. Als ich wieder aufwachte, fühlte ich was Nasses auf meinem Gesicht, das mich abschleckte. Ich öffnete die Augen und sah Malvin, der mich abschlabberte und sich freute, dass ich wach war. Ich sah auf die Uhr. Es war 17:30 Uhr und ich staunte, dass ich sechs Stunden geschlafen hatte. Ich stand auf. In meinem Kopf brummte es und es drehte sich auch noch alles. Ich ging hinunter und schmiss mich auf die Couch. „Hey, es lebt, und wie geht's dir, Nelia?", fragte Jona. Ich sah ihn blinzelnd an: „Schrei doch nicht so, mein Schädel brummt wie wild und ich glaube, ich habe noch immer ein paar Promille, was ist denn passiert? Ich kann mich nicht erinnern." Jona sah mich an und erzählte mir alles. „Oh nein, ich hab mich wie der letzte Arsch verhalten und morgen ist Weihnachten", schämte ich mich. Ich legte mich noch mal hin und sah mir einen Film an. Später stand ich auf und fragte Jona, wo die anderen wären, und er sagte, dass sie bei Miranda und Luke waren. Jona zog sich seine Jacke an und ging zu Luke hinüber. Ich ging derweil in die Küche und machte mir eine Tasse Kaffee. Ich hasste zwar Kaffee ohne Milch, aber ich hatte gelesen, dass das gegen einen Kater half. Nachdem der Kaffee fertig war, wollte ich wieder auf die Couch gehen, als mein Handy läutete. Ich ging ran. „Hallo, hier ist Nelia." „Ja hallo, mein Liebling, hier ist Granny, ich wollte nur sagen, dass wir morgen etwas später kommen, es tut uns echt leid, aber es kommt ein Schneesturm." „Ja, das verstehen wir. Wir essen einfach später, Granny, das ist doch nicht so schlimm." „Okay, dann bis morgen, hab dich lieb." „Ich dich auch, Granny, bis morgen." Ich legte auf und setzte mich wieder auf die Couch. Während der Film lief, schlief ich wieder ein. Ich träumte gerade von Weihnachten und meiner Familie, es war ein so schöner Traum. Da schrie auf einmal der Weihnachtsbaum: „Nelia, Nelia, Nelia!" Das Erste, was ich sah, als ich die Augen aufmachte, war Marissa, die mich schüttelte. „Hey, hey! Ich bin schon wach, was ist los? Und hör auf so zu schreien, oder willst du, dass mein Kopf platzt?", beschwerte ich mich. Marissa zerrte mich vom Sofa und ging mit mir in die Küche. „Also, ich hab die perfekte Geschenkidee für Mikkel, also ich hätte mir gedacht, dass du von uns ein schönes Foto machst, und dann fahr ich schnell in die Stadt und lass es auf eine Leinwand drucken", schlug Marissa ganz aufgeregt vor. Ich sah sie nachdenklich an und sagte: „Erstens ist heute Sonntag, zweitens ist morgen Weihnachten, und außerdem hab ich meine Kamera hier, aber keine Ausrüstung, und drittens: Bitte, bitte, rede ein paar Stufen leiser." Marissa ging hin und her. „Ach so, ja, es gibt so einen Laden, der hat 24 Stunden offen, auch am Sonntag, und da kann man Leinwände bedrucken lassen. Komm, hol deine Kamera raus", hetzte mich Marissa und zog mich hinaus in die Kälte. „Mikkel, komm her, Nelia macht ein Foto von uns!", schrie Marissa zu Mikkel. Ich ging zu ihnen und dirigierte sie in die Mitte des Hügels und setzte ihnen Weihnachtsmannmützen auf, die ich schnell von drinnen geholt hatte. Sie vervollständigten die Weihnachtsstimmung, weil man auf dem Foto auch den Weihnachtsbaum der Stadt und die Stadt selber sehen würde. Ich wollte auf den Auslöser drücken, als Mikkel „Stopp!" schrie. Marissa sah ihn an. „Was ist denn los, willst du kein Foto machen?" Mikkel kam schnell zu mir und flüsterte mir ins Ohr: „Bitte. wenn das Wort *Ja* fällt, dann ein Foto schießen." Ich nickte und sah durch die Linse. „Marissa Clara Jensen, wir kennen uns jetzt seit 14 Jahren und wir sind seit dem 15. Dezember. 2005 zusammen, das ist jetzt acht Jahre her", sprach Mikkel mit sanfter Stimme und ging auf die Knie. „Ich wollte zwar erst morgen fragen, aber wenn Nelia das auf einem Foto festhalten kann, wollte ich dich schon jetzt fragen: Willst du, Marissa Clara Jensen, mich heiraten?" Marissa fing an zu weinen, sie hielt sich den Mund zu und rief dann: „Ja! Ja! Und nochmals ja! Ich machte Fotos, als er kniete und als sie sich küssten. Marissa rannte zu mir und umarmte mich. „Darana, Darana wo bist du?", schrie sie in der Gegend herum. Darana kam aus Lukes Hütte heraus. „Was ist denn los?" Marissa rannte zu ihr und umarmte sie fest: „Ich bin verlobt!" „Was, echt?", kreischte Darana. Wir drei umarmten uns, sprangen herum und kreischten.

Kapitel 8

Wir tanzten wie wild herum und fingen schon an, Marissas Hochzeit zu planen. Da kamen Matteo, Luke, Jona und Miranda heraus. „Und, hast du sie gefragt?", fragte Matteo. Mikkel nickte und ging zu uns. „Hey Mädels, ganz ruhig, zur Planung kommen wir noch, zuerst feiern wir Weihnachten." „Okay, aber übermorgen fangen wir mit dem Planen an", lachte Marissa und kuschelte sich an Mikkel. „Langsam wird es kalt, kommt, gehen wir hinein und trinken wir was Warmes", schlug ich vor und ging Richtung Hütte. „Was ist jetzt eigentlich mit der Überraschung, die ihr für eure Familien haben wolltet?", fragte Matteo. Ich sah Marissa und Darana an und sagte: „Ach so, ja, verdammt, das haben wir voll vergessen." Ich schlug mir die Hand auf die Stirn. „Wieso lassen wir das mit der Überraschung nicht und feiern einfach Weihnachten, ich meine, deine Granny wird schon genug überrascht sein, wenn sie erfährt, dass du dein Armband verloren hast", sagte Darana. Ich sah sie mit hochgezogener Braue an. „Du hast recht, wir brauchen keine Überraschung, außerdem können wir ja die Verlobung von Marissa und Mikkel bekannt geben, da werden sich bestimmt alle sehr freuen", sagte ich. Wir setzten uns an den Esstisch, tranken heiße Schokolade und unterhielten uns. Ich sah zu Luke und fragte ihn: „Ähm, Luke, du bist ja Comiczeichner und ich wollte fragen, ob du einen für meine Schwester zeichnen könntest, weil sie Comics liebt. Und vielleicht mit verschiedenen Superhelden oder so, bitte." Luke sah mich an und überlegte: „Ja klar, wieso nicht? Wenn ich mich jetzt dransetze, dann könnte ich bis morgen Abend fertig sein." „Oh, was, nein, ich will bestimmt nicht, dass du die ganze Nacht oder den ganzen Tag daran sitzt, morgen ist Weihnachten", versuchte ich ihn zu überreden. Luke machte eine wegwerfende Geste. „Macht nichts, ich hab morgen Vormittag und Nachmittag nichts zu tun." Ich stand auf und brachte meine Tasse zum Geschirrspüler und ging ins Wohnzimmer. „Ach so, Nelia, vorhin hat jemand für dich angerufen, du sollst zurückrufen, bitte, das Telefon liegt dort drüben", erklärte Marissa. Ich ging zum Telefon und sah nach, wer angerufen hatte. Es war eine unbekannte Nummer. Ich wählte sie und rief zurück. „Hallo, Nelia Larsen hier." „Ja, wir sind's, Leila und Chantal, kennst du uns noch?" „Klar, wie geht's euch? Schon lange nichts mehr von euch gehört." „Ja, wir wollten dir oder euch, keine Ahnung, ob du mittlerweile endlich einen Freund hast, frohe Weihnachten wünschen, weil wir heute Abend wegfahren und dann nicht zu erreichen sind. Wir fahren in die Hamptons in eine Villa für zehn Personen, wir sind zwar nur vier Leute, aber egal." „Danke, euch auch, also ihr und eure Freunde, das hatte ich schon ganz vergessen." „Na ja, sagen wir's so, wir und unsere Verlobten." „Oh, herzlichen Glückwunsch, Marissa und Mikkel haben sich auch heute verlobt." „Hey, Nelia, komm wir gehen hinaus und reiben euch mit dem Schnee ein!", schrie Luke mir zu. „Hey, das war aber nicht Mikkel, nicht Matteo und soviel ich weiß auch nicht Jona. Ui... Nelia, verschweigst du uns was?" „Was? Nein, das war unser Hüttennachbar, er wohnt in der Hütte nebenan und wir sind alle nur Freunde, wenn man davon absieht, dass wir uns zwei- oder dreimal geküsst haben und er vielleicht auf mich steht und ich vielleicht auf ihn." „Ui, Nelia, wir glauben, dass du zu deinem dreißigsten Geburtstag keinen Schweinskopf bekommst, so wie der Brauch es für alle, die bis zu ihrem dreißigsten Geburtstag nicht verheiratet sind oder keinen Freund oder Freundin haben, verlangt." „Haha, wie lustig!" „Na egal, also noch einen schönen Tag, wir müssen packen. Tschüss, bis zum nächstem Mal." „Ja, tschüss bis nächstes Mal." Ich legte das Handy wieder hin und ging zurück ins Wohnzimmer auf die Couch. „Ähm, kann mir mal jemand eine Packung Taschentücher geben, bitte, ich hab meinen Tee verschüttet. Verdammt, das hat mir noch gefehlt, ich wollte diesen Pullover morgen anziehen, menno!", fluchte ich herum. Darana kam zu mir und sah mich mit verzogener Miene an. „Oh mein Gott, Nelia Nora Larsen fängt an zu fluchen, das hört man selten im Hause Larsen." „Haha, wie lustig, aber ich liebe diesen Pulli und wollte ihn morgen anziehen", jammerte ich. „Du hast Glück, dass wir im 21 Jahrhundert leben, es gibt so eine Erfindung, die nennt man Waschmaschine, mit der kann man alle Kleidungsstücke waschen und da werden sie sauber, und außerdem ist es nur Tee", sagte Darana sarkastisch. „Ach wirklich, das ist mir neu. Na klar kenn ich eine Waschmaschine, aber hast du den Stoß gesehen, der dort liegt, das muss alles bis morgen gewaschen werden, sonst jammert uns Granny die Ohren voll, dass es hier so ausschaut und so weiter", meckerte ich sie an. Ich zog den Pullover ganz unbewusst aus, sodass Matteo, Mikkel, Jona und Luke zu mir sahen. Ich stand auf und wollte ihn in den Wäschekorb geben, als ich bemerkte, dass die vier Jungs mich anstarrten. „Wow, Nelia, du hast ganz schön abgespeckt, das ist mir noch gar nicht aufgefallen", bewunderte Jona mich. „Hä, abgespeckt? War sie denn nicht die ganze Zeit so, wie soll ich sagen, dünn?", fragte Luke. Jona sah zu Luke und erklärte: „Na ja, also zu Schulzeiten war sie nicht die Dünnste, aber auch nicht die Dickste, nur dass du das jetzt nicht falsch verstehst, sie hatte einen Bauch, also, wie soll ich das beschreiben, egal, ich glaub, du verstehst, was ich meine. Luke nickte. „Hey, hört auf mich anzustarren!", fuhr ich sie an. Luke sah mir ins Gesicht und erwiderte: „Na ja, wir können nichts dafür, du hast deinen Pullover vor uns ausgezogen." Ich verdrehte die Augen und ging ins Bad. Ich hörte noch, wie Luke zu den anderen Jungs sagte: „Sie ist irgendwie süß, wenn sie sauer ist." Ich schmunzelte leicht und schloss die Tür. „Okay, Leute, wenn Nelia wieder aus dem Bad kommt, dann sagt ihr nichts davon, was ich euch jetzt sage, okay?", befahl Luke. Alle nickten. „Also, vor ein paar Tagen bin ich zu der Tankstelle gefahren, wo Nelia ihr Armband vergessen hat, und na ja, als ich dort war, holte ich mir was zu essen und zu trinken, aber ging noch schnell zur Toilette, und beim Händewaschen fiel mir beim Waschbecken da unten bei der Wasserröhre etwas Funkelndes auf. Gott sei Dank sind die Putzfrauen dort offenbar recht schlampig und übersehen die Hälfte. Und wegen dem Rohrbruch war die Toilette noch bis zu dem Tag, an dem ich da war, gesperrt, sodass ich der erste Kunde war, der seitdem wieder dort war. Dort unten hing doch tatsächlich das Armband von Nelia und das will ich ihr morgen zurückgeben", prahlte Luke. „Echt, du hast ihr Armband gefunden?", schrie Marissa aufgeregt. „Pst! Nicht so laut, das hört sie sonst noch", flüsterte Jona. Ich kam aus dem Bad und ging zu den anderen. „Hey, ähm, hat zufällig jemand einen Pullover oder ein T-Shirt für mich? Mir ist gerade aufgefallen, dass ich genug Hosen, aber zu wenig T-Shirts mitgenommen habe", sagte ich. Luke sah zu mir und sagte mit leicht aufgeregter Stimme: „Ja, warte einen Moment." Er zog seinen Pullover aus. „Ich hab noch ein T-Shirt darunter an." Ich sah ihn an und sagte: „Warum hast du unter diesem dicken Pullover ein T-Shirt an?" Er zuckte mit den Schultern und erwiderte: „Man kann nie wissen, wann eine Nelia in Not einen Pullover braucht." Ich zuckte mit der Braue und nahm den Pullover. Ich bedankte mich und zog ihn an. Wenn man nur mit einem Handtuch und einer Hose dastand, wurde es schon ganz schön kalt. Der Pullover war dunkelbraun und es war so *ein StarTrek*-Abzeichen oben. Oh, er war ein kleiner Nerd, wie süß. Ach was, mir egal, ich sah ihn nur als Freund, redete ich mir ein. Ich schüttelte den Kopf und zeigte den anderen, wie er mir passte. Er war mir viel zu groß und hing mir bis zu den Knien. Die Ärmel hingen mir über die Finger. Als niemand hersah, nahm ich den Kragen und roch am Pullover. Er roch nach Luke, logischerweise. Luke roch wie der Winter- oder Herbstbeginn. Ich merkte, dass Luke hersah und verliebt grinste. Ich ließ den Pulloverkragen fallen und tat so, als wäre nichts gewesen „Und, sehe ich jetzt aus wie ein Comic-Freak?", lachte ich. „Haha, Nelia, du bist ein Comic-Freak, ich mein, dein ganzes Zimmer zu Hause ist voller Comics und Sammelfiguren", plapperte Darana aus. „Was, du und ein Superhelden-Liebhaber, das glaub ich dir nicht", misstraute mir Luke. Ich setzte mich neben ihn und sah ihm tief in die Augen. „Ob du es glaubst oder nicht, so ist es." „Okay, dann hier ein kleiner Test. Was machte Peter Parker in dem Moment, als ihn die Spinne biss und von welchem

Spiderman und vom welchem Filmteil rede ich?", fragte er. Die anderen sahen sich ratlos an. „Zuerst machte er Fotos von Mary-Jane, und als sie wegging, sah er ihr nach, als die Spinne zubiss. Und du meinst den Film von 2002 mit Tobey Maguire als Spiderman", entgegnete ich. „Richtig, okay, ich glaube dir", sagte er lachend und schüttelte mir die Hand. Ich sah wieder zu Marissa und Darana. „Also, was machen wir jetzt noch so, es ist schon 18:47 Uhr und Sonntag?", fragte ich die sechs. Sie zuckten mit den Schultern. Ich gab auf, sie für irgendwas zu motivieren, und schmiss mich wieder auf die Couch. Im Fernsehen kam einfach nie etwas Gutes. Ich zappte mich durch die Sender. „Hey, da läuft *Fluch der Karibik*, ich liebe diesen Film", sagte ich. Marissa und Darana sahen zu mir herüber und wunderten sich, wieso ich so lachte. „Der erste Teil ist einfach der coolste", erklärte ich. „Ja, find ich auch", antwortete Matteo.

Ich ging schnell in die Küche und nahm mir ein Glas Wasser. Derweil ich mein Wasser trank, sah ich aus dem Fenster und bemerkte, dass Frosti vollkommen verschneit war. „Hey Leute, wir müssen Frosti vom Schnee befreien, er sieht nichts mehr", sagte ich zu den anderen. Sie nickten und redeten weiter. Ich schüttelte den Kopf und ging wieder zum Sofa. Nachdem der Film aus war, zog ich mir den Schianzug an und ging hinaus, um Frosti wieder in Ordnung zu bringen. Als ich ihm wieder den Schal umwickelte, kam Luke aus der Hütte. „Hey, ich geh mal wieder zu Miranda hinüber und schau mal, was sie so macht", erklärte er. „Ja, okay. Kannst du sie fragen, ob sie mir dieses Kuchenrezept, das sie von eurer Tante hat, geben kann für morgen? Ich will gerne diesen Kuchen machen, er schmeckt so lecker", bat ich ihn. „Ja, klar, ich bringe es dir dann", sagte er und ging.

Als ich mit Frosti fertig war, schüttelte ich den Schnee von meiner Jacke ab. Ich nahm meine Handschuhe und wollte hineingehen, da berührte mich etwas auf dem Rücken. „Hey, was war das?!", rief ich und drehte mich um, da stand Luke mit drei Schneebällen hinter mir und wartete, dass er mich wieder abschießen konnte. „Ich mach dich fertig, Nelia Larsen", rief er zu mir herüber. Ich sah ihn an und grinste heimtückisch: „Nicht wenn ich dich zuerst fertigmache!" Ich hob schnell Schnee auf und formte ihn zu einer Kugel. Luke ging in die Schießposition. „Stopp!", schrie ich. „Ich schlage vor, dass wir mehr Schneebälle machen und einen Schutzschild, dann habe ich, äh, ich meine, dann haben wir eine größere Chance", sagte ich. Luke senkte die Hand und stimmte zu. Ich drehte mich um, um mir einen Schutz zu bauen, da fing dieser hinterhältige Fiesling an, auf mich zu schießen. Ich spürte etwas Kaltes auf meinem Rücken. Oh, nein, mir war Schnee in die Jacke gekommen. Puh, das war kalt, das war eiskalt. „Du bist so gemein!", rief ich ihm zu und stürzte mich auf ihn. Ich beschoss ihn mit so viel Schnee, wie es ging, und schmiss ihn zu Boden und rieb ihn mit Schnee ein. Ich lag auf dem Bauch neben ihm und meine Hände lagen auf seinem Brustkorb. Wir lachten und sahen uns tief in die Augen. Viele, viele Sekunden lang. Meine Blicke fielen abwechselnd auf seinen Mund und wieder zurück zu seinen Augen. Wir kamen uns näher und immer näher. Er hob langsam seinen Kopf. „Was genau soll jetzt passieren?", flüsterte ich. „Ich glaube, wir sollten das herausfinden", antwortete er leise. Wir kamen uns so nah, dass ich seinen leichten Atem im Gesicht spürte. Wir küssten uns, aber nach 20 Sekunden löste ich mich von ihm, sah ihn an und grinste: „Hey, machen wir einen Schneeengel, den haben Marissa, Darana und ich früher immer gemacht, manchmal sogar eine ganze Schneeengelfamilie." Er sah mich ungläubig an. „Ähm, ja gern, wieso nicht", sagte er lachend. Nach circa einer halben Stunde standen wir neben einer Schneeengelfamilie, die in einem Kreis aufgestellt war. Es sah so niedlich aus. Es war zwar nur Schnee, aber trotzdem. „Du, Nelia, wegen gerade eben, ähm…" „Okay, also, mir ist kalt, ich geh hinein, es ist auch schon dunkel", spielte ich die Situation herunter. Er nickte und ging nicht weiter darauf ein. Aber an seinem Blick sah ich, dass es ihm gerade nicht egal gewesen war, mir eigentlich auch nicht. Es war ein schöner Kuss, doch na ja. Ich lächelte ihn an und ging hinein. „Hey, Nelia, anscheinend gefällt dir Luke doch", prahlte Marissa. Ich sah sie an und verdrehte die Augen. Darana kam zu uns und flüsterte zu Marissa: „Hast du dieses Funkeln in den Augen der beiden gesehen, als sie sich angesehen haben, so was sieht man nicht bei jedem." Sie grinsten und fingen dann zu schmunzeln an. „Was ist jetzt schon wieder so lustig?", fragte ich die beiden. Sie zuckten mit den Schultern und gingen flüsternd weiter. Ich dachte mir schon nichts mehr und ging zu Malvin. „Hey, du Kleiner, ja, was ist denn? Oh, schau nicht so süß und hör auf mit deinen Glubschaugen, die zählen nicht. Okay, Kleiner, du hast gewonnen", sagte ich zu Malvin und gab ihm ein Leckerli. Man konnte Hunden einfach nicht widerstehen, das war unmöglich, wenn sie ihre schweren Geschütze namens Glubschaugen auffuhren. Nachdem ich ihm ein Leckerli gegeben hatte, ging ich in die Küche und suchte meinen Tee. „Marissa, Darana, habt ihr meinen Tee ausgetrunken?", rief ich zu ihnen hinauf. „Nein, ich glaube, das waren die Jungs!", schrie Darana zu mir herunter. „Ach, kommt schon, Mikkel, Matteo und Jona, das war mein Lieblingstee!", schrie ich zu ihnen, wo auch immer sie gerade waren. Ich sah im Internet nach, ob die Tankstelle heute offen hatte, damit ich mir meinen Tee kaufen konnte. „Ich fahr schnell zur Tankstelle, falls ihr mich sucht!", rief ich zu den anderen und ging zum Auto. Ich fuhr zur Tankstelle und kaufte mir meinen Tee. Als ich zur Kassa gehen wollte, sah ich in einem Regal eine kleine antike Spieluhr, wieso auch immer eine antike Spieluhr ausgerechnet in einer Tankstelle stand. Ich zahlte und ging wieder am Regal vorbei. Ich konnte einfach nicht widerstehen und kaufte sie. Sie war rund, und wenn man sie öffnete, tanzte ein kleines Mädchen mit einer Frau zu einer Melodie. Ich ging zum Auto und fuhr wieder nach Hause. Ich freute mich auf meinen Tee. Zu Hause rannte ich schnell hinein und in die Küche. „Hey, ich bin wieder da und hab meinen Tee!", schrie ich in der Hoffnung, dass mich jemand hörte. „Nelia, wie geht es dir, wo warst du?", fragte Matteo. „Jetzt fängst du auch an wie Mikkel, ich war bei der Tankstelle, weil ihr meinen Tee ausgetrunken habt, danke noch mal dafür", schnaufte ich ihn an. „Ach so, na dann, jetzt hast du ja einen neuen Tee, den wir dir austrinken können", sagte er sarkastisch. Ich verdrehte die Augen und holte mir eine Tasse. „Ach ja, weißt du, wo Marissa und Darana sind, sie sind nämlich vorhin verschwunden?", fragte ich ihn. „Nein, aber ich glaub, sie sind oben im Whirlpool und entspannen", sagte er und ging. Ich widmete mich wieder meinem Tee, als ich bemerkte, dass neben der Spüle ein kleiner gelber Zettel lag. Dort stand eine Nachricht.

An Nelia,
wir sind oben und entspannen, falls du auch kommen willst.
Bikini liegt im Zimmer.
LG
Marissa und Darana

Kapitel 9

Ich legte den Zettel wieder hin und schlürfte meinen Tee. „Du, Marissa hat mir gesagt, ich soll dir sagen, dass neben der Spüle ein Zettel liegt und dass du ihn lesen sollst", rief mir Mikkel von der Treppe aus zu. „Ja, hab ihn schon gelesen, trotzdem danke", antwortete ich. Mikkel ging wieder hinauf, um mit den anderen Videospiele zu spielen. Ich ging auch hinauf und zog mir meinen Bikini an. Danach ging ich zum Whirlpool und setzte mich zu den zweien. Darana sah mich an und sagte: „Hey, der Bikini steht dir." „Ja, und wir haben dir extra den mit nur einem Träger und dem schönen Linienmuster rausgesucht", erwiderte Marissa. Ich sah sie kopfschüttelnd an. „Ja, nochmals danke dafür, den hab ich das letzte Mal getragen, als ich 16 Jahre alt war, und wo habt ihr ihn überhaupt her?" Sie zuckten mit den Schultern und lehnten sich zurück. „Ach ja, Marissa, ich wollte dich noch was fragen, wisst ihr schon, wann ihr heiraten wollt oder fangen wir wirklich erst übermorgen an mit dem Planen?", fragte ich Marissa. Sie grinste breit. „Wir können jetzt planen, also ich hätte mir so gedacht, die Hochzeit kann vielleicht am 12. August im nächsten Jahr stattfinden, das ist ein Mittwoch." „Das ist in knapp acht Monaten, geht sich das aus zum Planen? Von manch anderen Paaren hab ich gehört, dass sie ein Jahr brauchen, um so was zu planen", sagte Darana. Marissa sah sie an wie eine Diva und prahlte: „Also wirklich, kannst du dich nicht mehr an Nelias zwölften Geburtstag erinnern, da wollten wir eine Überraschungsparty machen und haben das Planen voll vergessen, und dann haben wir oder eigentlich ich alles geplant und alle eingeladen, und das in nur 24 Stunden." „Angeberin!", keifte Darana zurück und die beiden fingen zu lachen an. „Nelia, was ist los mit dir, du siehst so traurig aus?", fragte Marissa mich. „An diesem Geburtstag hat mir meine Granny das Armband geschenkt und mir gesagt, dass sie mir vertraut, dass ich es nicht verliere, und jetzt wird sie mir nie wieder vertrauen", sagte ich und fing an zu weinen. Darana und Marissa nahmen mich in den Arm und trösteten mich.

Bald war es schon neun Uhr abends und wir alle saßen im Wohnzimmer auf der Couch und sahen uns einen Weihnachtsfilm an. Es war so gemütlich, weil wir alle zusammengekauert mit Kuscheldecken dasaßen, und jeder hatte einen Kakao mit Marshmallows in der Hand. „Ach ja, ich wollte euch noch etwas fragen, ähm, Luke und ich hätten uns gedacht, dass wir morgen einfach alle zusammen hier feiern, also wir könnten noch einen Tisch dazustellen und mehr kochen und dann gemeinsam feiern, da wir jetzt alle Freunde sind, oder?", fragte Jona. „Ja gern, wieso nicht?", stimmte Marissa zu. Darana, Mikkel, Matteo und ich waren auch einverstanden und wir widmeten uns wieder dem Film. „Ich freue mich schon auf morgen, wenn alle kommen und wir alle unter Quarantäne gestellt werden wegen dem Essen von Marissa und Darana", spottete Matteo. „Haha, wie lustig, wir können kochen, ohne dass wir unter Quarantäne gestellt werden, aber für dich können wir eine Ausnahme machen, dann müsste ich dich sechs Wochen nicht mehr sehen, das wäre ein Segen für mich", spottete Marissa zurück und sie fing an zu lachen. Matteo sah sie mit finsterer Miene an und lachte ebenfalls. „Hey Nelia, ist das für dich in Ordnung, dass Luke, Miranda und ihre Familie morgen kommen und mit uns feiern?", fragte Darana. „Ja klar, ich hab doch schon zugestimmt", sagte ich und sah wieder zum Fernseher. „Wisst ihr noch, als wir mal in die Stadt wollten zum Shoppen, fürs Kino und zum Essen, das war so lustig, als wir den Zug verpasst haben, und dann hat uns Nelias Mom hinfahren müssen, aber wir sind mit dem Zug zurückgefahren und der Mann, der neben uns saß, hat ganz verzweifelt ausgesehen, ich glaube, er war wegen uns fertig mit seinen Nerven", erzählte Mikkel lachend. „Ja, wir waren so laut, weil Jona und Mikkel herumgealbert haben, und Nelia und ich haben Fotos gemacht und auch gelacht", erwiderte Marissa. Darana sah zu uns und sagte:

„Ich durfte beim ersten Ausflug leider nicht mit, aber beim zweiten Mal fuhr meine Mom auch in die Stadt und ich durfte mit euch ins Kino gehen." „Ja, stimmt, und zum Shoppen durftest du auch mitgehen. Und wisst ihr noch, wie wir zu Weihnachten auch shoppen gehen wollten, aber es dann nichts wurde? Da wollten wir Wichtelgeschenke kaufen", sagte ich. Wir lachten. Marissa nahm ein Kissen und haute es auf Mikkel. „Hallo?", rief er und haute zurück. Darana schrie lachend: „Eskalation!" „Die Kissenschlacht kann beginnen!", stimmte Jona fröhlich ein. Derweil sie sich mit Kissen hauten, ging ich ins Zimmer und holte heimlich das größte Kissen, das es in diesem Haus gab. Es war circa einen Meter groß. Ich nahm es und ging auf Zehenspitzen hinunter und versteckte mich hinter der Couch und wartete, dass ich mit dem Kissen jemanden hauen konnte. Jona lehnte sich ein bisschen über die Couch und da haute ich ihn mit dem Kissen. „Achtung, Riesenkissen-Attacke!", warnte Matteo ihn. Unsere Kissenschlacht dauerte gefühlte drei Stunden, aber eigentlich war es nur eine halbe Stunde, und dann fielen wir alle auf die Couch und kugelten uns vor lauter Lachen. „Es ist schon Mitternacht, ich geh langsam ins Bett. Gute Nacht, alle miteinander", gähnte ich und ging hoch. Ich war schon halb eingeschlafen, als Marissa und Darana ins Zimmer kamen und miteinander flüsterten. „Ich verstehe immer noch nicht, wieso Nelia sich nicht eingestehen will, dass sie Luke mag. Ich meine, wir haben extra unseren Aufenthalt bis Silvester verlängert, damit sie sich endlich einig wird, aber ich glaube, das wird nichts mehr", flüsterte Darana. „Die beiden passen echt gut zusammen, ich meine, sie haben echt viel gemeinsam", sagte Marissa. Darana sah zu Marissa und sagte: „Ja, find ich auch aber d..." Ich schlief ein und hörte nicht mehr, was sie sagte.

Kapitel 10

Als ich am nächsten Tag aufwachte, sah ich auf die Uhr, es war 7:32 morgens. „Wieso wache ich immer so früh auf?", brummelte ich. „Guten Morgen, frohe Weihnachten, hey, aufwachen, los, es ist Weihnachten!", schrie Marissa fröhlich, als sie ins Zimmer kam. Darana schmiss ein Polster auf sie und legte sich wieder hin. „Wie spät ist es überhaupt?", stöhnte Darana. „7:33 Uhr", sagte ich verschlafen. „Mann Marissa, wieso stehst du so früh auf? Wir feiern erst am Abend und nicht um halb acht morgens", meckerte Darana. Ich mühte mich aus dem Bett, ging zu Marissa und sah sie mit finsterem Blick an.

„Darana hat recht, wir feiern abends und nicht morgens", brummte ich sie an. Darana und ich gingen hinunter in die Küche. Marissa schrie durch das ganze Haus: „Aufwachen, es ist Weihnachten, los, aufstehen!" Ich sah zur Treppe und Mikkel, Matteo und Jona schleppten sich die Stiegen hinunter. „Morgen", murmelten die drei. „Morgen, wollt ihr etwas frühstücken? Wir haben noch Müsli, aber keine Milch mehr, und Aufstrich, aber kein Brot oder Toast mehr. Wie kann das sein, ihr geht jeden Tag einkaufen", sagte ich. Matteo sah mich an und sagte: „Erstens wir gehen nicht jeden Tag einkaufen sondern jeden zweiten und keine Ahnung, wie das sein kann, vielleicht weil hier sechs Leute wohnen, dann essen wir einfach Müsli mit Aufstrich und das war's dann auch mit dem Frühstück." Ich verdrehte die Augen und lachte. „Du spinnst doch, wer isst Müsli mit Aufstrich? Wisst ihr was, ich fahr einfach noch schnell in die Stadt, die Geschäfte haben heute bis 14:00 Uhr offen. Ich hol uns einfach noch Nahrungsmittel für die nächsten acht Tage." Ich stieg ein und wollte fahren, als jemand an meiner Fensterscheibe klopfte, es war Miranda. Ich fuhr die Scheibe hinunter und sah sie an. „Morgen, ähm, kannst du mich bitte mitnehmen, ich muss auch noch schnell in die Stadt?", fragte mich Miranda. Ich nickte und sagte: „Ja, klar, wieso nicht?" Sie stieg ein und wir fuhren los. Miranda sah zu mir und sagte: „Wegen letztens wollte ich mich entschuldigen für das, was ich gesagt hab, und du und Luke passt wirklich gut zusammen und er redet von nichts oder niemand anderem mehr als dir. Ich glaube, du solltest ihm eine Chance geben."

Ich sah sie nachdenklich an und nickte. „Ja, ähm, ich überlege es mir, danke", sagte ich leicht verlegen. Wir kamen nur langsam voran, weil es ziemlich schneite und man wenig sah. Wir kamen gerade vom Hügel herunter und da sahen wir, dass im Graben ein Auto lag. Ich blieb abrupt stehen und stieg aus. „Hallo? Braucht da jemand Hilfe?", fragte ich. Ich ging zur Beifahrertür und sah, dass dort ein sehr junger Mann mit dunkelblonden Haaren und braun-grünen Augen saß, er war ein bisschen größer als ich, hatte aber ein sehr jugendliches Gesicht, er sah aus wie 18 oder 19. „Hallo, brauchst du Hilfe?", fragte ich noch mal. Der Junge sah mich an. „Oh! Hello, I drove my car into the ditch, can you help me?", fragte der Junge auf Englisch. *Na toll, er redet Englisch, ich kann so gut wie kein Englisch.* Ich sah ihn an und probierte, ihm zu antworten: „Hey, I can help you, but wait a moment, please." Ich ging schnell zu Miranda hinauf. „Kannst du vielleicht gut Englisch, der Junge da unten spricht nur Englisch", fragte ich sie. Sie nickte und stieg aus. „Hello, my name is Miranda, who are you?", fragte sie ihn. „I am Nick, nice to meet you, I apologize for stopping you but my car broke down, the engine seems to be damaged. I was planning to go to my cousins. I'm from America and I want to visit them. My mother, who also wants to visit my cousins today, told me that they live in a lodge on a hill", sagte er und lächelte. Miranda dachte nach: „What are their names?" „Miranda and Luke Pietersen", antwortete er. Miranda lachte: „I am Miranda Pietersen and Luke is my brother." Nick grinste und sagte: „Really? Then you are my cousin!" Miranda und Nick umarmten sich und lachten. „You can come with us, but we have to go to the supermarket quickly to shop for a bit.

A question: Can you speak Danish?" „Ja, ein bisschen, aber nix so good", probierte er zu sagen. Wir gingen zu unserem Auto und fuhren weiter. „Wie alt bist du, Nick, wenn ich fragen darf?" „Ich bin 23 Jahre alt and du?", fragte er. „Ich bin 22 Jahre alt und Miranda ist 21 Jahr alt", antwortete ich ihm.

Kapitel 11

Ein paar Minuten später waren wir beim Supermarkt angekommen, gingen hinein und kauften alles, was wir brauchten. „Wir müssen schnell nach Hause, die Jungs sind schon hungrig und Darana bestimmt auch, aber Marissa springt schon gefühlt seit Mitternacht im Haus herum und hat uns heute früh aufgeweckt", sagte ich. Miranda und ich gingen schon mal zum Auto und warteten auf Nick. „Dein Cousin ist irgendwie süß, er hat leichte Ähnlichkeit mit Luke", sagte ich zu ihr. Sie sah mich mit hochgezogener Braue an. „Hey du, verknall dich nicht in alle meine männlichen Verwandten, nur dass du es weißt, ich hab noch einen Bruder, besser gesagt, Luke hat einen Zwillingsbruder und die sehen haargenau gleich aus", sagte sie hämisch. „Warte, was? Er hat einen Zwilling, wieso ist er nicht da?", fragte ich sie. „Er ist in Kanada mit seiner Freundin, aber er kommt heute auch", antwortete sie. Miranda sah mich plötzlich fragend an. „Warte mal, du kommst doch ursprünglich aus Kanada, müsstest du da nicht perfekt Englisch sprechen?" „Nein, ich komme aus Quebec, das ist eine hauptsächlich französischsprachige Provinz", sagte ich. Sie sah mich lächelnd an. „Wirklich? Sag mal was auf Französisch", rief sie begeistert. Ich nickte und fing an: „Bonjour, je suis Nelia, je suis originaire du Canada et je suis en vacances ici. J'adore la période de l'Avent et Noël. Je suis content que nous soyons amies maintenant, et oui, il se peut que j'aime Luke mais s'il te plaît, ne lui dit pas, même s'il s'en doute." Miranda sah mich mit großen Augen an und fragte: „Und das heißt was?" „Hallo ich bin Nelia, ich komme aus Kanada und ich mache hier Urlaub. Ich liebe Weihnachten und die Adventszeit. Ich freue mich, dass wir jetzt Freunde sind – und ja, es kann sein, dass ich auf Luke stehe. Und bitte sage es ihm nicht, auch wenn er es weiß und … Ja, das war's", übersetzte ich ihr. *Ich weiß nicht genau, warum ich das gerade zugegeben habe, aber ich tue in letzter Zeit Dinge, die ich nie verstehen werde*, dachte ich. Miranda grinste allwissend, ich hasste es, wenn das jemand tat. „Du stehst auf Luke, haha!", lachte sie mich aus. Ich zeigte ihr die Zunge, als Nick wieder reinkam. „H, Girls, können wir fahren?", fragte er. Ich nickte und fuhr los.

Als wir wieder zu Hause waren, ging ich schnell hinein und stellte das Frühstück auf den Tisch. „Ihr glaubt nie, was gerade passiert ist", sagte ich zu den anderen und erzählte ihnen von Nick und Lukes Zwilling. Sie sahen mich an. „Warte, du und Miranda seid jetzt Freunde und du hast zugegeben, dass du in Luke verknallt bist, wow", lachte Marissa. „Nein, das hab ich nur gesagt, weil mir auf Französisch nichts mehr eingefallen ist", redete ich mich raus. Marissa und Darana sahen mich ungläubig an. „Hahaha, das sagen sie dann alle." Sie fingen an zu lachen. Ich schüttelte den Kopf und ging ins Wohnzimmer, da zogen mich Matteo, Mikkel und Jona zu sich. „Hey, was ist los?", fragte ich sie hektisch. „Wir müssen dich etwas fragen bezüglich Darana", sagte Matteo zu mir. „Ja klar, was denn?", fragte ich ihn. „Also, ich brauch noch ein Geschenk für Darana, ja, ich weiß, es ist auf den letzten Drücker, aber ich wollte mir was Besonderes einfallen lassen. Aber mir ist nichts in den Sinn gekommen, ich wollte ihr auch einen Antrag machen, aber Mikkel hat das schon bei Marissa gemacht und das sieht dann so aus, als ob ich das nachmachen würde. Hast du vielleicht eine Idee?", flüsterte Matteo. Ich dachte nach und antwortete: „Ich finde die Idee gar nicht so schlecht, ich meine, dann könntet ihr vielleicht eine Doppelhochzeit machen und dann könnte ich Doppel-Trauzeugin sein." Die Jungs lachten leise. „Ich hätte eine Idee. Also, ich hole den Ring von Marissa zurück und gebe ihn wieder in die Schatulle, und dann richten wir später alles her und ihr zwei werft euch in Schale und dann macht ihr beide gleichzeitig einen Antrag, und ja, Mikkel, bevor du fragst, ja, noch mal", flüsterte ich. Die Jungs nickten und stimmten zu. „Okay, es ist jetzt halb zehn Uhr morgens, wir könnten einfach jetzt schnell vorbereiten und Nelia, wie wär's, Jona holt den Ring, weil er am besten lügen kann, und du richtest alles her. Und kannst du etwas singen später?", fragte mich Matteo. Ich sah ihn ungläubig an. „Du weißt, dass ich nicht singen kann." „Doch, ein wenig kannst du es schon, also man kann dir zuhören, nett ausgedrückt", sagte Mikkel. Ich zeigte ihm die Zunge und ging. Ich suchte Sachen zum Schmücken. „Hey, ähm, Darana, Marissa, könnt ihr bitte zum Karlosa Maipada Shop fahren, wir brauchen noch viel Deko und Servietten und so weiter", bat ich die beiden. Sie sahen sich gelangweilt an und dann wieder zu mir. „Du weißt schon, dass es bis dorthin eine Stunde ist, und dann sind wir erst in circa zweieinhalb Stunden zurück." „Hört auf zu meckern, ich muss alles andere vorbereiten", beschwerte ich mich und sah sie mit meinem eigentlich sehr überzeugungsfähigen Blick an und da gaben sie nach. „Ja, ja, wir fahren ja schon", murmelte Darana und sie gingen sich anziehen.

Als sie weg fuhren, ging ich noch mal schnell zu den Jungs und schlug ihnen etwas vor. „Also, ich hätte einen Idee, ich hab vor circa zwei Jahren im Internet ein Online-Priester-Diplom gemacht, das heißt, ich darf Leute verheiraten, und wenn ihr wollt, können wir heute Abend Hochzeit feiern, wenn alle da sind, und dann eine größere Hochzeit später feiern." Mikkel und Matteo sahen sich an und nickten. „Okay, dann richten wir uns her und du richtest alles andere her", grinste Matteo. „Nein, ihr richtet euch her und ich fahr noch mal in die Stadt und kaufe die Sachen und Winterkleider als Ersatz für die richtigen Hochzeitskleider, die können sie sich selbst kaufen! Und ich hole die billigen, die teuren kosten bis zu 40.000 Kronen", sagte ich leicht genervt und zog mir meine Jacke an. Ich sah mich noch mal um. „Ich bin in circa einer Dreiviertelstunde wieder da." Ich fuhr in die Stadt und sah mich in jedem Kleidergeschäft um. Bei Maxis Kleiderkjole fand ich zwei Winterkleider. Das eine war weiß mit einem silbernen Gürtel, und am unteren Saum und an der Kapuze gab es einen dicken silbernen Rand aus Fell. Es hatte einen weiten Unterrock und überall silberne Verzierungen. Das zweite Kleid sah identisch aus. Es fühlte sich so an, als würden sich meine Pupillen zu Herzen formen. Ich nahm die zwei Kleider und ging zahlen. Die beiden kosteten gemeinsam 1000 Kronen. Für solch schicke Kleider eigentlich ganz billig. Ich nahm die Taschen mit den Kleidern und ging wieder zum Auto. Als ich an einem Laden mit Accessoires vorbeikam, ging ich sofort hinein. Ich nahm zwei Haarreifen mit Eisblumen und kleinen Kristallimitationen. Nachdem ich mich dumm und dämlich geshoppt hatte, fuhr ich wieder nach Hause. Als ich angekommen war, ging ich gleich hinein und brachte die Kleider ins Zimmer. „Leute, seid ihr fertig?", fragte ich Mikkel und Matteo. Als ich sie sah, musste ich mir das Lachen verkneifen. „Okay, ihr seht gut aus, aber ich hab euch noch nie im Anzug gesehen." Ich ging vor die Tür und fing an, alles herzurichten. Ich legte einen riesigen wasserfesten Teppich auf den Boden und stellte einen Bogen darüber, den ich hinten im Garten gefunden hatte, und verzierte ihn. Ich legte einen sehr langen, dünnen, lilafarbenen Teppich von der Tür bis zum Bogen. Als ich endlich fertig war, ging ich wieder hinein. „Hey, bist du fertig, weil die zwei kommen in fünf Minuten, Marissa hat es mir gerade geschrieben", sagte Mikkel, als er mir entgegenkam. Ich bekam Panik. „In fünf Minuten! Okay, also, ihr zwei kommt her und stellt euch hinaus, Jona, du rennst schnell zu Luke und Miranda hinüber und fragst, ob sie auch hier sein wollen oder wie auch immer, und ich, ich setze mich hin", sagte ich voll gestresst. Matteo und Mikkel gingen hinaus und Jona ging zu Miranda und Luke hinüber. „Ich hör ein Auto die Auffahrt heraufahren", sagte Matteo. „Sie sind hier", rief Luke uns zu, als er aus der Tür kam. Jona, Luke und Miranda rannten schnell her. Das Auto kam die Auffahrt hinauf und blieb stehen. Ich rannte hin, bevor sie um die Ecke kommen konnten. Marissa und Darana stiegen aus und sahen mich fragend an. Ich setzte ihnen Augenbinden auf und ging mit ihnen zum Bogen. „Was genau ist hier los?" fragte Darana. Matteo und Mikkel knieten sich hin und ich nahm den beiden die Augenbinden ab. „Willst du mich heiraten?", sagten die beiden Jungs im Chor. Marissa und Darana fingen an zu weinen. „Du fragst mich noch mal, oh, wie süß", schluchzte Marissa vor lauter Freude. Darana und Marissa sahen sich an und dann wieder zu den Jungs. „Ja!", schrien die beiden so laut, dass wir uns alle die Ohren zuhalten mussten. Mikkel und Matteo hatten beide ein riesiges Grinsen auf den Lippen. Sie steckten ihnen die Ringe auf die Finger und umarmten sich. Mir flossen die Tränen aus den Augen. Ich freute mich für die beiden, trotzdem fühle ich mich ein bisschen komisch. Mein Herz wünschte sich das auch, doch mein Verstand hatte Angst. Angst davor, dass es mir nie so gehen würde wie den beiden und ich nie so eine Liebe spüren und empfangen würde wie sie. Ich wischte mir eine Träne von der Wange. „Eine Träne voller Freude und voller Trauer", zitierte ich in Gedanken.

„So und das feiern wir jetzt mit heißer Schokolade und Pudding", schlug ich ihnen vor. Sie stimmten alle zu und wir gingen hinein. Ich machte Kakao und Luke machte den Pudding. Derweil Luke und ich in der Küche standen, tuschelten Miranda, Marissa und Darana am Esstisch. „Das würde ich gern öfters sehen", flüsterte Darana zu den anderen. Miranda sah sie fragend an: „Was?" Darana fing an, leise zu lachen. „Luke und Nelia zusammen an einem Ort oder besser gesagt zusammen in einer Küche. Ich sehe schon vor mir, wie die beiden zusammen in ein Haus ziehen." Die drei lachten und Marissa grinste: „Da könnt ihr lange warten." Die drei lachten sich tot.

Ich sah verwundert zu ihnen und dachte mir nichts weiter. Ich kochte den Kakao auf, als es auf einmal verbrannt roch. Ich drehte mich um und sah, dass Luke der Pudding anbrannte. „Hey Luke, nimm den Topf vom Herd, es brennt sonst noch komplett an", rief ich ihm zu, obwohl er eigentlich nur einen Meter von mir entfernt stand. Ich wollte zum Topf greifen, als ich etwas auf meiner Hand spürte, ich drehte mich um und sah hin. Lukes Hand lag auf meiner und wir sahen uns tief in die Augen. In diesem Moment kam es mir vor wie im reinsten Liebesfilm. Ich schüttelte meinen Kopf und kam wieder in die Realität zurück. Ich sah im Augenwinkel, dass uns Marissa, Darana und Miranda beobachteten. Ich widmete mich wieder dem Kakao. „Also,

Nelia, was macht ihr, wenn ihr zurück nach Hause fahrt?", fragte Luke vorsichtig. Ich atmete tief ein und drehte mich zu ihm. „Na ja, Ende Jänner macht meine Konditorei wieder auf, weil wir umgezogen sind, und dann weiß ich es noch nicht, und du?" „Ich, ich zieh mit meinem Bruder und unserem besten Freund in eine neue Wohnung in einer anderen Stadt und ich denke darüber nach, ob ich eine Website erstelle und dort meine Comics verkaufe." Er setzte ein liebevolles Lächeln auf. „Okay, eigentlich wollte ich dich fragen, ob du mir endlich einmal die Wahrheit sagst, ich meine, es ist Weihnachten, und da kann man sich ja ruhig mal die Wahrheit sagen, meinst du nicht?" „Ich weiß nicht, was du meinst!", lenkte ich ab. Er sah mich ungläubig an „Du weißt genau, was ich meine, letztens draußen im Schnee war dieser eine Moment, als wir uns geküsst haben, das kannst du nicht abstreiten, Nelia." „Da war kein Moment, das war einfach nur die Reaktion auf diese Situation. Es war eine sehr romantische Stimmung, das war alles, nichts weiter!", stritt ich ab. „Du kannst es nicht immer leugnen, jeder hier kann sehen, dass du mich genauso magst wie ich dich." Ich füllte den Kakao in die Tassen, gab Schlagobers darauf und streute ein paar Mini-Marshmallows darüber. Ich sah ihn kurz an und drehte mich zu den anderen, da fasste er mich am Arm. „Nelia!", flehte er mich an. Ich schüttelte leicht den Kopf und senkte meinen Blick.

„So, wer will Kakao und Pudding?", fragte ich, als wäre nichts gewesen. Jona, Matteo, Mikkel, Marissa, Darana und Miranda zeigten auf und wir stellten ihnen je eine Tasse Kakao und einen Pudding hin. Wir saßen alle da und redeten, ich liebte solche Momente, aber das Gespräch mit Luke ging mir nicht mehr aus dem Kopf, vielleicht hatte er ja recht? Nein, er hatte nicht recht! Meine Gedanken schwirrten wild herum.

„Hey, Leute, es ist gleich halb eins, sollten wir nicht mal anfangen zu kochen?", fragte Darana. Marissa sah von ihrem Teller auf. „Ja, wir sollten bald anfangen, sie kommen so circa, keine Ahnung, irgendwann gegen Abend." Ich sah aus dem Fenster und staunte: „Die Nachrichten hatten recht. Es fällt wirklich enorm viel Schnee, er reicht schon fast bis zum Fenster hoch, ein paar Zentimeter fehlen noch." Die anderen sahen aus dem Fenster und Darana fiel die Kinnlade hinunter. „Wir waren doch vor einer halben Stunde noch draußen!" „Okay, ich würde sagen, wir kochen nicht das, was wir letztens gesagt haben, sondern etwas größeres, jetzt, wo wir über 30 Menschen sind, und außerdem brauchen wir noch fünf oder wenigstens vier Tische, sonst haben wir hier nur für zehn Personen Platz", sagte Marissa. Die anderen überlegten, als Miranda sagte: „Wir haben drei Tische drüben, also Esstische, dann einen rechteckigen Tisch, da haben fünf bis sechs Personen Platz, und dann noch einen rechteckigen für acht bis neun Personen." „Gute Idee, Miranda, ach ja, kann mir jemand helfen, draußen im Auto stehen noch drei Einkaufstaschen, die ich vergessen habe?", fragte ich in die Runde. „Ja, ich kann", sagte Luke. „Was ist eigentlich mit Nick, eurem Cousin?", fragte Darana. „Er ist drüben in der Hütte und ruht sich aus", antwortete Miranda.

Luke und ich gingen hinaus, um die Einkaufstaschen zu holen. „Und, freust du dich auf heute Abend, wenn alle kommen?", fragte Luke. Ich sah zu ihm und war erstaunt, dass er das Gespräch von vorhin mit keinem Wort erwähnte. „Ja, es wird bestimmt schön, wenn wir alle zusammensitzen und reden, Weihnachten feiern und so weiter, ich liebe den Advent, und ganz besonders liebe ich Weihnachten." Er lachte mich an. Ich hatte es noch nie jemandem gesagt, aber ich liebte sein Lachen, wenn er lachte, funkelten seine Augen so hell und ich war innerlich gut gelaunt. Irgendwie fühlte ich mich bei seinem Lachen wie zu Hause. Ich lächelte zurück.

„Okay, also, was würdest du denn heute gerne kochen?", fragte er mich. Ich zuckte mit den Schultern. „Keine Ahnung, irgendwas, was jeder mag", antwortete ich. Wir wollten wieder hineingehen, als mich Luke zurückhielt und meine Hand nahm. „Nelia, ich wollte dir vorhin noch etwas sagen, ähm, es tut mir leid, was auch immer ich dir getan habe, aber ich mag dich wirklich gern und ich hab das Gefühl bei dir, dass du mich irgendwie nicht leiden kannst." „Luke, ich …" „Nein, Nelia, bitte keine Ausreden mehr! Wenn du mich wirklich nicht so magst wie ich dich, okay… Aber wenn du mich nicht mal als Freund magst, dann halt ich das nicht aus", unterbrach er mich. Ich biss auf meiner Unterlippe herum und sah auf seine Schuhe. „Bitte, sieh mich an!" Ich sah ihm in die Augen. Er hob seine Hand und fuhr mir über die Wange und strich mir eine Strähne aus dem Gesicht. Ich setzte einen traurigen Blick auf und rannte hinein.

Luke kam hinterher und sagte nichts mehr. Darana und Marissa sahen ihn an und gingen zu ihm. „Was ist denn los?", fragte Darana ihn. Er sah sie an. „Nichts, also, na ja, irgendwie ist Nelia einmal so nett und lustig und dann, wenn ich mit ihr alleine bin, ist sie so, als würde sie mich nicht mögen." Darana und Marissa sahen sich an. „Sie mag dich auch wirklich sehr, nur sie ist ein Mensch, der seine Gefühle nicht so zeigt, oder besser gesagt, sie kann es nicht so zeigen, sie hat zu große Angst davor, verletzt zu werden", erklärte Marissa. Luke nickte und ging in die Küche. Marissa sah zu Darana. „Hey, sollten wir ihr nicht mal den Brief von Luke geben?" Darana überlegte und sagte: „Ja, du hast recht, wir sollten ihr ihn wirklich geben, vielleicht ändert das ihre Meinung."

Marissa und Darana gingen ins Zimmer hinauf und holten den Brief.

In der Küche roch es schon sehr gut nach allem möglichen Essen. „Ich freue mich schon so, wenn meine Familie kommt", sagte ich zu Miranda, die neben mir in der Küche stand. Sie lächelte mich an und nickte. „Ja, ich freu mich auch schon auf meine Familie und vor allem auf meinen anderen Bruder, den Zwillingsbruder von Luke, da freust du dich bestimmt auch Nelia, gib es zu." Ich streckte ihr die Zunge hinaus: „Ähm, nein, ein Luke passt schon, ich brauche keine zwei." Wir lachten und widmeten uns wieder dem Kochen, als Nick in die Hütte kam. „Hey guys, wie geht es euch denn so?", fragte er. Ich musste schmunzeln, weil sein Akzent so lustig klang. „Uns geht's gut, und da wir dich erst heute aufgegabelt haben, geht es uns immer noch gleich gut wie vorher, oder, Nelia?", lachte Miranda. Ich nickte. „Ja, mir geht es gleich gut wie vorher, und dir?" Er lächelte uns an wie ein fünfjähriger Junge, der gerade ein Spielzeugauto zu Weihnachten bekommen hat: „Mir geht's auch gut, can I help you?" Wir nickten. „Gerne", sagte ich und ging zum Herd. Marissa und Darana kamen in die Küche. „Hey, was kocht ihr eigentlich?", fragte Marissa. Ich sah sie an. „Also, ich hab mir überlegt, für die Fleischesser einen Weihnachtsbraten mit Kartoffelknödeln und Salat und für die Vegetarier Pasteten mit Wirsing-Pilz-Rahm und roter Bete." Marissa und Darana nickten und wollten mir den Brief geben, aber ich rannte schon weg und bemerkte es nicht einmal. Ich eilte schnell ins Wohnzimmer und holte meine Weste, weil irgendwer irgendwo anscheinend das Fenster aufgemacht hatte, denn es war plötzlich eiskalt. Darana und Marissa versuchten die ganze Zeit, mir den Brief zu geben, aber ich rannte ihnen immer davon.

„Hey, Nelia, bleib stehen, wir müssen dir etwas geben!", rief mir Darana zu, aber ich hörte sie nicht, weil das Radio und die Lüftung über dem Herd so laut waren.

Mit der Zeit gaben sie auf und legten den Brief ins Wohnzimmer. „Vielleicht findet sie ihn dann, wenn sie ins Wohnzimmer geht", sagte Darana und sie gingen in die Küche. Ich übergab Marissa den Kochlöffel und die Schürze und ging die Tische holen. „Luke, Miranda, Nick, könnt ihr mir mit den Tischen helfen?", fragte ich sie. Sie nickten und gingen mit mir mit. Als wir drüben in der Hütte waren, ging Miranda ins Wohnzimmer und zeigte auf ein paar Tische. „Also, wir hätten uns gedacht, dass wir diesen nehmen und die zwei dort drüben." Luke und Nick hoben den großen Tisch an und trugen ihn hinüber. Miranda und ich nahmen den anderen und schleppten ihn auch hinüber. „Nur fürs Protokoll, den nächsten dürfen die Jungs wieder tragen", beschwerte sich Miranda. Ich musste lachen. Luke und Nick kamen uns entgegen und grinsten. „Hey, schafft ihr die letzten drei Meter noch oder gebt ihr auf?", lachte Luke. Miranda und ich ignorierten sie und gingen weiter.

„Stellen wir ihn dort hin", sagte ich. Als wir den Tisch endlich abgestellt hatten, schüttelte sich Miranda die Hände. „Oh mein Gott, dieser Tisch ist zwar klein, aber er wiegt gefühlte zehn Tonnen." Ich lachte. „Da hast du recht." Nick und Luke kamen mit dem letzten Tisch herein. „Okay, also wie teilen wir das jetzt ein? Ich würde sagen, unser Esstisch kommt ein Stück nach hinten und dann stellen wir euern großen Tisch dazu, den kleinen rechteckigen Tisch so quer davor und den großen zu dem kleinen quer, sodass ein U entsteht, oder nein, besser noch, ihr stellt alle Tische zusammen, also die zwei großen Esstische nebeneinander und dann die anderen dazu, dann haben wir einen riesengroßen breiten Tisch," schlug ich vor. Die drei sahen sich an und nickten.

Derweil die drei Tische herumschoben, ging ich ein Tischtuch holen. Es gab zu meinem Erstaunen sogar ein ganz großes. Ich nahm es und ging wieder zu den anderen. „Hey, ich hab ein Tischtuch mit Blumen oben, passt das auch für Weihnachten?", fragte ich grinsend. „Egal, es ist weiß wie Schnee, also passt es", antwortete Matteo, der gerade die Stiege herunterkam. Ich legte das Tuch über den Tisch und richtete es schön her. „Kann mir wer Teller, Besteck und Gläser geben, bitte?", fragte ich. Niemand reagierte und ich wollte sie mir selbst holen, als ich aus dem Augenwinkel sah, dass Malvin fast die halbe Couch zerfetzte. „Malvin, hör auf damit!" Er sah mich mit Glubschaugen an und ich musste lachen. Er sah wieder zur Couch und sprang hinunter und wälzte sich auf dem Teppich, wobei der Brief vom Tisch hinunterfiel, ohne dass ich es merkte. Ich lächelte Malvin zu und ging wieder in die Küche. „Okay, ich frage noch mal, kann mir jemand Teller, Besteck und Gläser geben, bitte!?", rief ich den anderen zu. Sie sahen mich alle zögernd an. „Hol sie dir halt selbst, jetzt, wo du schon hier bist", lächelte Marissa besserwisserisch. Ich streckte ihr die Zunge entgegen und nahm mir die Sachen selbst.

„Ähm, Miranda, könnt ihr uns noch euer Geschirr bringen, weil wir haben zu wenig für über dreißig Personen", grinste ich sie an. Sie nickte und sah zu Luke. „Hey, Bruderherz, kannst du Nelia unser Geschirr bringen bitte, sie haben zu wenig." Er nickte und ging zur Tür. Luke wollte gerade die Tür öffnen, als er sich wieder umdrehte: „Matteo, Mikkel, kommt ihr mit und helft mir?" Die zwei sahen sich an und gingen mit. Ich richtete derweil den Tisch schön her. Matteo, Luke und Mikkel gingen in die Hütte. „Wo ist denn das Besteck?", fragte Matteo. Luke zeigte in der Küche auf eine rote Schublade. „Dort in der roten ist das Besteck, in der blauen sind noch Servietten, im grünen Kasten sind die Teller und im gelben Kasten sind die Gläser." Sie nickten und Matteo nahm die Teller, Mikkel nahm die Gläser und Luke nahm das Besteck und die drei gingen wieder hinüber. „Hey, was ist jetzt eigentlich zwischen dir und Nelia, das ist immer so ein Hin und Her, da kennen wir uns nicht mehr aus", sagte Mikkel verwundert.

Luke sah ihn nachdenklich an: „Ehrlich gesagt hab ich keine Ahnung, Darana und Marissa haben gesagt, dass sie mich mag, aber, ich kenne mich selbst nicht aus…Es ist jedenfalls ihre Sache. Ich kann, besser gesagt darf sie nicht beeinflussen oder zwingen, dass sie sich entscheidet." Mikkel nickte und ging weiter.

Kapitel 12

Marissa und Darana kamen zu mir. Darana sah mich hungrig an. „Gibt es auch eine Nachspeise?" „Klar, wir könnten Crème brûlée oder Schokomousse machen", sagte ich. „Machen wir einfach beides, und jeder kann sich dann nehmen, auf was er Lust hat", schlug Marissa vor. Ich lächelte und wir gingen in die Küche. „Hat zufällig jemand ein Rezept dafür?", fragte Darana. Ich sah sie ungläubig an. „Es gibt so eine Erfindung, die nennt man Internet, und dort kann man fast alles finden, was man braucht, und man kann auch Rezepte finden, und du hast ein Handy mit Internet, wo du das suchen kannst. Aber ich kenne die Rezepte auswendig." Darana verdrehte die Augen: „Haha, wie lustig. Marissa, kannst du das Schokodings suchen und ich suche Crème brûlée." „Okay", stimmte Marissa zu. „Und was soll ich machen?", fragte ich. Darana drückte mir den Kochlöffel in die Hand und grinste: „Du, liebe Nelia, du darfst fertig kochen, wir nehmen die Rezepte aus dem Internet, weil heute dürfen wir einmal Konditor spielen." Ich lachte und machte mich an die Arbeit. „Haben wir Schlagobers da?", fragte Marissa. Ich sah in den Kühlschrank. „Ich hab doch heute Morgen einen gekauft." Darana fing an zu lachen. „Was denn?", fragte Marissa. „Er steht genau vor deiner Nase, dort, neben dem Messerhalter", sagte Darana lachend. Marissa schlug sich mit der Hand auf die Stirn. „Ich sollte mir eine Brille kaufen." Wir kicherten und Matteo kam in die Küche. „Hey, was ist hier denn los, fängt hier gleich eine Essensschlacht an?" „Ja, ich schleudere dir gleich einen Löffel Brei ins Gesicht", lachte Darana und umarmte ihn. Matteo zuckte mit der Nase und Darana gab ihm einen Kuss auf die Nasenspitze. „Oh, die beiden sind so süß miteinander", schwärmte Marissa vor sich hin. Darana stieß sie leicht an und grinste. Wir fingen an zu lachen und schoben Matteo aus der Küche. „So, jetzt sind wir am Werk, die nächsten paar Stunden ist hier jungsfreie Zone." Darana grinste Matteo an und er zwinkerte ihr zu. Er ging wieder zu den anderen.

Ich knetete den Teig für die Pasteten und legte ihn in den Kühlschrank. „Oh verdammt", sagte ich. „Was denn?", fragte mich Marissa. Ich sah sie an: „Der Teig braucht zweieinhalb Stunden, und jetzt ist es 13:15 Uhr, das heißt, er ist erst um 15:45 fertig, ja klar, ich könnte derweil das andere machen, aber das braucht, glaub ich, nicht so lange und, ähm …" „Nelia, lies mal genau, da steht nicht zweieinhalb Stunden, sondern eine bis eineinhalb Stunden im Kühlschrank lassen, und dann gleich mit dem Rahm befüllen. Gesamtkochzeit zweieinhalb Stunden", unterbrach mich Darana. „Ups", lachte ich. Marissa und Darana schüttelten den Kopf und grinsten „Bist du ein bisschen verwirrt oder hast du einfach nur Lesen verlernt?", fragte Marissa hämisch. Ich machte mich wieder an die Arbeit, als wir irgendetwas zerspringen hörten. Wir sahen uns fragend an und schauten bei der Durchreiche ins Wohnzimmer, wo Malvin beim Christbaum stand und eine Christbaumkugel nach der anderen hinunterhaute. „Malvin, hör auf!", rief ich ihm zu. Er sah mich mit großen Augen an. Ich ging zu ihm und hob ihn auf. „Was machst du denn, du kleiner Stinker du?" Ich kraulte ihn am Bauch und gab ihm ein Bussi auf den Kopf. „Wow, du bestrafst ihn aber sehr schlimm", sagte Marissa lachend. Ich sah sie mitleidig an. „Aber er ist noch ein Welpe, auf den kann man nicht böse sein, und außerdem waren das die hässlichen grünen Kugeln, die aussahen, als hätten wir die vom Bundesheer bekommen." „Das stimmt auch wieder", stimmte mir Darana zu.

Derweil ich Malvin weiter herumtrug, kam Miranda von oben. „Hi, kann ich euch helfen, bei den Jungs oben halt ich es keine Sekunde mehr aus." Ich sah zu ihr. „Wieso, was macht ihr da oben?" „Wir spielen Brettspiele und sie reden die ganze Zeit nur komische Dinge, die auch nur Jungs verstehen, und ich dachte mir, ich helfe einfach euch, weil ich glaube, ihr seid nicht so verrückt wie die Jungs", erzählte sie. Marissa, Darana und ich sahen uns an und dann wieder zu Miranda. „Du darfst gerne helfen, aber wir sind noch verrückter als die drei", sagte Darana grinsend. Miranda ging von der Treppe in die Küche. „Okay, was kann ich machen?" „Du kannst den Weihnachtsbraten mit Kartoffelknödeln und Salat machen und die Soße auch, bitte", schlug ich ihr vor. Sie nickte und machte sich an die Arbeit. „Mhmm, hier riecht es lecker", sagte Mikkel. Die vier Jungs kamen in die Küche und sahen, was wir da so kochten. „Haben wir vorher nicht eindeutig gesagt, dass das hier für die nächsten paar Stunden eine jungsfreie Zone ist?", meckerte Darana. Die Jungs zuckten mit den Schultern und gingen zwei Schritte zurück zum Türbogen. „Noch weiter zurück", schnaufte ich sie an. „Ach komm, wir dürfen euch doch zusehen, wie ihr den Kochlöffel schwingt", grinste Luke. Wir sahen ihn kopfschüttelnd an und ich verdrehte die Augen. „Hey, Miranda, du stehst neben der Obstschüssel, kannst du mir eine Banane oder einen Apfel geben, bitte?", fragte Jona. „Ja, du Fresssack, hast du nicht vor einer Stunde ein Müsli gegessen?", fragte Miranda misstrauisch. Jona grinste breit. Sie gab ihm einen Apfel und schob ihn in Richtung Wohnzimmer. „So, weg mit dir." Matteo, Mikkel und Luke folgten ihm. „So, jetzt sind sie weg", sagte Darana. „Hey, drehen wir Musik auf, das macht das Kochen gleich viel rhythmischer", schlug ich vor.

Die anderen nickten und ich drehte das Radio auf. Die Musik ging ins Ohr und wir fingen an mitzutanzen und mitzusingen. Luke, Matteo, Mikkel und Jona sahen uns heimlich von der Stiege aus zu, wie wir mit dem Kochlöffel in der Hand sangen und herumhüpften.

Die vier mussten lachen. Als wir sie bemerkten, sahen wir sie böse an. „Hey, hört auf, uns auszulachen!", rief Marissa zu ihnen hinüber. Vor lauter Lachen fielen die vier beinahe von der Treppe. Ich nahm einen nassen Schwamm und schoss sie damit ab. Sie verschwanden blitzschnell wieder nach oben. „Ach Gott, die sind nervig, was findet ihr nur an denen?", fragte ich die drei. Sie sahen mich mit schiefem Kopf an. „Hast du schon mal dieses knuffige Gesicht von Jona angesehen?", schwärmte Miranda. Ich musste lachen. „Hey, was gibt es da zu lachen?", fragte Miranda stirnrunzelnd. Ich zuckte mit den Schultern und drehte meinen Kopf zu Marissa und Darana. „Du brauchst nicht reden mit deinem Hin und Her mit Luke", seufzte Marissa. Ich sah sie mit hochgezogener Braue an und ging wieder zum Kochtopf und rührte um. Die drei lachten und kochten weiter. „Ach so, ähm, hat irgendjemand eine Idee, wieso es hier so extrem kalt ist?", fragte ich.

Die drei schüttelten den Kopf. „Nein, tut mir leid", antwortete Darana.

Nach einer halben Stunde nahm ich den Teig wieder aus dem Kühlschrank. „Oh, das ist ein schöner Teig." „Miranda, kannst du hier weitermachen, ich mach den Tisch noch ein wenig schöner und richte noch alles fertig her, du musst einfach Kreise daraus machen und das Rahmgemisch hineintun, dann zusammenlegen und mit einer Gabel zusammendrücken", erklärte ich ihr. Sie nickte und machte sich an die Arbeit.

Ich ging derweil zum Tisch und faltete Servietten in alle möglichen Formen.

„Das sieht schön aus, wo hast du das gelernt?", fragte mich Luke. Ich drehte mich zu ihm um und sah ihn an. „Meine Tante hat es mir beigebracht", erklärte ich ihm. „Aha, kannst du mir das beibringen? Dann kann ich dir helfen, sonst wirst du hier nie fertig." Ich lächelte: „Gerne, komm, setz dich. Also, du nimmst die Kante und legst sie zur anderen, dann rollst du sie von der langen Seite unten fast ganz hinauf, dann rollst du es von einer Kante zur anderen, dann legst du es zusammen und faltest sie zu einer Rose." Ich sah zu seiner Rose und sie sah aus wie ein Schweizer Käse. „Was ist denn das?" Ich musste lachen. Er sah mich fragend an und ich schüttelte grinsend den Kopf. Ich nahm seine Hände und faltete die Serviette noch mal. „Also, Ecke auf Ecke, einrollen, zusammenlegen und drehen, fertig." Ich merkte, dass er mich ansah. „Hey, starr mich nicht so an", bemerkte ich nebenbei. Er schüttelte den Kopf: „Hab ich doch gar nicht, was meinst du?" Ich sah ihn ungläubig an. „Na ja, egal." Er setzte wieder ein liebevolles, süßes Lächeln auf, bei dem ich ihn wieder stundenlang hätte ansehen können. „Nelia, kannst du mal eine Pastete kosten?", fragte mich Miranda. „Ja, klar", antwortete ich und ging in die Küche.

Ich nahm eine Pastete und biss ab. „Oh mein Gott, hast du eine Ausbildung als Köchin oder was?" Sie lachte. „Nein, ich hab eine Ausbildung als Kosmetikerin, ich glaube nicht, dass das eine Ähnlichkeit hat." „Darf ich noch eine oder zwei oder zehn?", fragte ich.

Ich wollte noch eine nehmen, da schlug mir Miranda die Hand weg. „Finger weg, die gibt es heute Abend."

„Hey, hast du eigentlich eine Idee, wann sie kommen, haben sie letztens nicht irgendwas gesagt von wegen sie kämen später wegen dem Wetter oder so?", fragte Marissa.

Ich zuckte mit den Schultern. „Ehrlich gesagt, keine Ahnung." Ich wollte wieder zu Luke gehen, als ich plötzlich Kopfweh bekam. „Aua, mein Kopf." Luke sah mich an: „Geht es dir nicht gut?" Ich schüttelte den Kopf. „Nein, mir geht es gut, mein Kopf tut nur ein bisschen weh, ich leg mich kurz hin." Er lächelte mich an. Ich legte mich auf die Couch.

Nach ein paar Minuten stand ich wieder auf. „Hey, hat jemand meine ganz warme Weste gesehen, ich hätte gedacht, dass ich sie hier hingelegt hatte", fragte ich die anderen. Doch als ich genauer hinschaute, sah ich niemanden hier außer Luke, der am Esstisch saß und zu mir blickte. „Die anderen sind oben und draußen, glaub ich." „Ach so, okay." Ich wollte auch nach draußen gehen, als ich stolperte. Ich kniff die Augen zusammen, da ich plötzlich in der Luft hing. Ich machte die Augen wieder auf und sah Luke, wie er mich in den Armen hielt und mich ansah. Ich kam mir schon wieder vor wie in einem Liebesfilm. Marissa und Darana kamen von draußen herein. „Hey, was geht denn hier vor, Mikkel, wieso hast du Nelia im Arm?", fragte Marissa empört. Ich sah zu ihr und wieder zu Luke, nur war das nicht Luke, sondern Mikkel. „Was, warst du nicht gerade noch Luke?" Ich blinzelte und vor mir stand wirklich Mikkel. Ich schrie und vor lauter Schreck ließ er mich fallen. „Aua!", rief ich. Plötzlich stand ich auf dem Dach und rutschte hinunter. Ich schrie: „Hilfe!"

Als ich die Augen wieder aufmachte, lag ich wieder auf der Couch und Marissa stand da und rief meinen Namen „Nelia, Nelia, wach auf!" „Was, wo bin ich, igitt, hab ich etwa gesabbert?", sagte ich ganz verschlafen und wischte mir den Sabber vom Mundwinkel. Marissa sah mich an. „Du bist eingeschlafen und hast im Schlaf geschrien, da wollten wir dich aufwecken." Ich setzte mich auf. „Wie lange war ich denn weg?" Darana kam her und sah auf ihre Uhr. „Ungefähr eineinhalb Stunden, es ist gleich halb vier, du bist eine ganz schöne Schlafmütze, Nelia."

Ich stand auf, als mein Telefon klingelte. „Hallo?" „Hi, ich bin es, Mom, wir kommen in etwa einer Stunde an, wenn der Verkehr so ruhig bleibt wie jetzt. Dein Dad, deine Großeltern und ich haben eine Familie aufgegabelt, die auch zur einer Hütte dort hinaufwollen, sie heißen Peterson, eine ganz nette Familie, vielleicht kennst du ihre Kinder, Miranda und Luke." „Ja, kenn ich, wir alle feiern zusammen, und anscheinend haben sich Miranda und Jona gefunden." „Echt? Wie schön, okay, wir fahren gleich in einen langen Tunnel. Sind eh bald da, tschüss." „Tschüss, bis dann!" Ich legte auf und sah erschrocken zu Marissa und Darana. „Sie sind in einer Stunde da, haben wir alles fertig, Vorspeise, Nachspeise und so weiter?" Sie nickten wie zwei Soldaten und gingen in Reih und Glied in die Küche. Ich musste lachen. „Okay, ihr zwei Soldaten, wann seid ihr denn bitte vom Bundesheer zurückgekommen?" Ich ging ihnen nach, weil ich ihnen helfen wollte, bei was auch immer sie gerade machen wollten.

Die Jungs kamen herunter und sahen uns an. „Hey, meine Mom hat gerade angerufen, sie sind in einer Stunde da und sie haben die Familie Pietersen aufgegabelt", erzählte ich ihnen. „Wirklich, eure Familie hat unsere Familie aufgegabelt, das ist lustig", sagte Luke. Ich grinste, als Nick hereinkam: „Hello, dear family and friends, wie geht es euch denn so?"

Wir sahen ihn verwundert an. „Wo kommst du denn auf einmal her?", fragte Miranda ihn. Er setzte wieder seinen Fünfjähriger-Buben-Blick auf: „Von drüben, ich habe mich ausgeruht."

Ich musste lachen, weil sein Dänisch so schlecht war. „What is denn los?", fragte er mich. Ich sah ihn lachend an: „Tut mir leid, nur deine Aussprache bringt mich zum Lachen."

Er lächelte. Luke ging zu Nick und legte ihm die Hand auf die Schulter. „So, mein Freund, oder soll ich Cousin sagen? Wir haben noch einiges zu besprechen. Wie alt bist du noch mal? 18, 19 oder 20?" Nick grinste ihn ungläubig an: „Ich bin 23 Jahre alt." Luke sah ihn an: „Ach wirklich, du bist älter als ich?" Nick nickte. Miranda und ich fingen an zu lachen.

„Er sieht gar nicht so aus, nicht wahr?", kicherte Miranda. „Seit wann kicherst du wie eine alte kaputte Feuerwehrsirene, Miranda?", fragte Jona, als er hereinkam. Sie sah ihn an. „Schon immer eigentlich", antwortete sie. Luke machte einen Gesichtsausdruck wie drei Tage Regenwetter. „Als wir klein waren, hat sie schon andauernd gekichert, du glaubst mir nicht, wie das in den Ohren wehtut, wenn das eine Fünfjährige macht." Jona nickte. „Ich hab zwei Schwestern, ich kenn das."

Die beiden lachten. „Oh nein, Leute, meine Mom hat mir gerade geschrieben, sie sind in einer Dreiviertelstunde hier, also helft mir bitte, ich hab mein Armband nicht wieder und meine Oma steht in einer *Dreiviertelstunde* vor unserer Tür, und wenn sie erfährt, dass ich ihr Familienerbstück verloren habe, dann, dann ...", stammelte ich, bevor mich Miranda unterbrach: „Hey, Nelia, ruhig, du redest ohne Punkt und Komma." Ich atmete sehr schnell und versuchte mich abzuregen. „Nelia, brauchst du eine feste Umarmung vom süßen großen Lukilein?", fragte Luke lachend.

Ich sah ihn schroff an. „Oh, ist der *kleine* süße Lukilein heute zu Späßen aufgelegt?"

Er zog eine Braue hoch und rümpfte die Nase. Ich zog meine Mundwinkel hoch, ging zu ihm, umarmte ihn für fünf Sekunden und ging in die Küche. „Wow, wer bist du und was hast du mit Nelia Larsen gemacht!", rief er mir nach. Ich grinste.

Kapitel 13

„Hey, wer hat die Ofenplatte abgedreht, so wird das Essen doch wieder kalt!", schrie ich in der Hoffnung, dass mich jemand hörte. Darana sah über das Küchenfenster herein. „Wir! Wir haben uns gedacht, wenn die anderen dann da sind, schalten wir das Essen wieder ein, wir essen doch erst so gegen 18:00 Uhr, oder?" „Ja, so circa oder früher, kommt drauf an, wie viel Hunger die anderen haben", antwortete ich. Darana verschwand wieder und ich ging zurück ins Wohnzimmer. „Hey, Luke, wo sind denn die anderen hin?", fragte ich ihn. Er sah sich um. „Keine Ahnung, auf einmal waren sie weg", sagte er lächelnd.

„Nelia, ähm, ich, weil wir gerade alleine sind, wollte ich mit dir noch was besprechen", fing er an. „Also, ich wollte fragen, was jetzt eigentlich los ist, weil du bist einmal so nett und lustig und dann bist du so abwesend und, keine Ahnung, damit meine ich, wenn wir alleine sind, dann bist du so abweisend, als würdest du mich hassen." Ich versuchte ihn nicht anzusehen, was mir aber leider nicht gelang. „Also, äh, ich hasse dich nicht, ich mag dich, du bist cool und auch sehr nett. Ich könnte dich nicht hassen", quälte ich es aus mir raus. Er kam zu mir. Sehr nah zu mir! „Aber?" „Was aber? Es gibt kein Aber", stammelte ich.

Er kam immer näher „Ach ja, bist du sicher!?", flüsterte er und legte seine Hände auf meine Hüften. Wir waren uns verdammt nah und ich war wie benebelt. Als würde er mich kontrollieren. *Ich glaube langsam wirklich, Jungs sind Magier*, dachte ich mir.

Ich sah ihm tief in die Augen. Sie funkelten hell und er lächelte liebevoll. „Ja, ich bin sicher", flüsterte ich völlig abwesend, als wäre ich hypnotisiert. Wir standen minutenlang da, bis ich wieder zu mir kam. Ich schüttelte meinen Kopf und befreite mich aus seinem Griff. Er wollte noch etwas sagen, da ging ich schnell nach oben.

„Marissa, Darana, ist wer hier?!", rief ich im oberen Stockwerk, doch niemand meldete sich. Ich sah in jedes der 15 Zimmer, doch nirgends war jemand. Ich gab die Suche auf und ging in mein Zimmer. Mein Handy lag neben mir, ich schaltete Musik ein und sang mit.

„Wow, du magst Jazz und du kannst singen, Respekt", unterbrach mich Matteo. Ich sah ihn an: „Hallo, wieso hörst du mir beim Singen zu? Und ja, ich mag Jazz." Er lächelte: „Das sag ich Darana und Marissa, dass du singen kannst." „Nein, das wirst du nicht!", schrie ich ihm nach, aber er ignorierte es beinhart. Ich wollte weiter mitsingen, als der nächste Junge ins Zimmer platzte: „Nelia, Marissa hat gesagt, dass sie dich schnell unten braucht, denn die anderen kommen in circa 20 Minuten, es ist schon halb fünf." Ich sah Mikkel an. „Was, es ist schon so spät, wo ist die Zeit nur hin?"

Als ich mit Mikkel wieder hinunterging, standen Darana und Marissa dort. „Hey Nelia, sie müssten in 20 Minuten circa da sein, also sollten wir langsam das Essen aufwärmen, oder?", fragte Darana aufgeregt. „Klar, glaub schon", murmelte ich. Mikkel riss mich unabsichtlich mit, als er die Treppe ganz hinunterging, und ich flog hin. „Mikkel, kannst du nicht aufpassen?!" „Tut mir leid, Nelia." Ich rappelte mich auf und ging in die Küche. „So, jetzt müssen wir einfach langsam das Essen erwärmen, weil sonst müssen wir zu lange warten und so weiter und so fort." „Nelia, beruhig dich, wieso bist du so gestresst, es sind nur deine Eltern und Großeltern", beruhigte mich Darana. Ich sah sie hektisch atmend an. „Wieso? Wieso! Weil ich mein Armband verloren habe, und ich habe Stress wegen Luke, weil er ist ja süß, ja, aber ich habe Angst, dass es nicht klappt oder das, keine Ahnung, ich mag ihn ja wirklich, aber, ja, weiß ich nicht, was mit mir los ist."

Ich ließ mich auf den Stuhl fallen und zu allem Überfluss hatte Luke alles mitgehört.

Als ich das merkte, hielt ich mir die Hände vor das Gesicht. Ich hörte eine Tür zufallen und nahm sie wieder hinunter. „Ist er weg?" „Ja", antwortete Marissa.

Ich sah sie verlegen an. „Hab ich was Falsches gesagt?" Sie zuckte mit den Schultern, als es an der Tür klingelte. „Darana machst du mal auf, bitte, vielleicht ist es Luke, und ich trau mich jetzt nicht, ihm unter die Augen zu treten." Sie nickte und ging zu Tür. „Hey, sind sie schon da?", fragte Marissa. Darana öffnete die Tür. „Nein, es ist nur Luke, schon wieder." „Nur Luke, danke, Darana, für diese nette Begrüßung", krächzte Luke. Darana lachte. „Tut mir leid, Luke, wir hätten gedacht, dass unsere Familien schon da sind." „Macht nix, ich versteh ja Humor", antwortete er und ging herein. Marissa und ich saßen gelangweilt auf der Couch. „Bist du nicht gerade erst gegangen?", fragte Marissa. Er kam zu uns. „Ja, nur ich hab ich nicht gewusst, was ich tun soll, und außerdem hab ich die ganzen Geschenke für heute Abend hier, ich lege sie jetzt einfach unter dem Baum, ja?" Ich stand auf und ging zurück in die Küche. „Hey, hab ich das Essen vorhin nicht aufgedreht?", rief ich zu den anderen. „Keine Ahnung", rief Marissa ignorant. „Gut, egal, ich schalte es einfach ein." Luke kam zu mir. „Ich weiß, blöde Frage, aber was für eine Augenfarbe hab ich genau?" „Was, du fragst mich, was du für eine Augenfarbe hast?" Ich sah ihn an, als würde ich ihn gleich einliefern lassen. Als ich genau hinsah, bemerkte ich, dass ich mich getäuscht hatte, was seine Augenfarbe betraf. „Du hast blaugrüne Augen, warte, hattest du nicht eine andere Augenfarbe?" „Nein, wieso, ich hatte immer dieselbe Augenfarbe, nur ich wollte mal wen anderen fragen", grinste er. Ich sah ihn stirnrunzelnd an. „Okay."

Ich drehte mich um und rührte im Essen. „Hey, Nelia, komm noch mal her, bitte", sagte Luke leicht lächelnd. Ich drehte mich wieder um und sah auf einmal doppelt. „Ähm, ich glaube, ich brauche eine Brille, Luke, ich sehe dich auf einmal doppelt." Die doppelten Lukes fingen an zu lachen. „Oh mein Gott, ich werde verrückt, Marissa, Darana, fahrt ihr mich zum Augenarzt? Ich brauch, glaub ich, eine Brille und einen Arzt", stammelte ich. Die vier fingen an zu lachen. „Nein, Nelia, das ist mein Zwillingsbruder Vincent, er ist schon vor den anderen angekommen." Ich sah zwischen den beiden hin und her. „Oh Mann, ihr seht euch echt zum Verwechseln ähnlich." Ich schlug mir die Hand auf die Stirn und ging auf die Couch. „Bist du jetzt verwirrt?", fragte Darana lächelnd. Ich sah sie mit hochgezogener Braue an. „Nein, weißt du, ich bin überhaupt nicht verwirrt." „Ja, ja, du sarkastischer Mensch", sagte Marissa. „Du bist also Vincent", sagte ich zögernd. Er nickte. Ich sah Vincent genau an. „Ich könnte euch zwei ohne eure Augen nicht auseinanderhalten." Er grinste: „Das ist der Vorteil." „Sie sind da!", schrie Darana. „Hey, da kommen die anderen", grinste Marissa.

Wir sahen aus dem Fenster und rannten hinaus zu den Autos. „Hi Mom, Dad, Granny, Grandpa und oh, Onkel Monti, was machst du denn hier?" Onkel Monti lächelte: „Na ja, ich hatte nichts vor und deine Großeltern haben mich gefragt, ob ich mitkommen will als Überraschung, und da bin ich." „Gelungene Überraschung", freute ich mich und umarmte alle. Darana und Marissa stürzten sich in die Arme ihrer Familien. „Endlich seid ihr da, ich hab mich schon so auf euch gefreut", jubelte Marissa.

Aus Moms Wagen stiegen auf einmal fremde Leute aus. „Nelia, Marissa, Darana, das ist die Familie Pietersen", sagte meine Mom. Ich gab Mrs. Pietersen die Hand. „Hallo, ich bin Nelia." „Hallo, ich bin Barbara Pietersen und das ist mein Mann Fynn Pietersen."

Ich lächelte freundlich und ging zu Lukes Großeltern. „Hallo, ich bin Nelia." „Hallo, mein Kind, ich bin Elna Olsen, die Mutter von Barbara, und das ist der Opa von Luke, Vincent und Miranda, die kennst du ja bereits, er heißt Frederik Olsen." Lukes Großeltern waren irgendwie süß, wie sie da standen mit ihren grauen Haaren, sie waren so richtige Großeltern, wie man sie aus dem Buche kennt. Die Eltern von Luke, Vincent und Miranda sahen aus wie Fotomodels. Mr. Pietersen hatte ganz hellblonde kurze Haare und paprikagrüne Augen. Mrs. Pietersen hatte ganz lange brünette Haare und haselnussbraune Augen. Meine Eltern sahen von den Haaren und den Augen her gleich aus wie die Pietersens.

Darana packte ihre Mutter am Arm und zerrte sie sanft weiter. „Kommt, ich muss euch die Hütte zeigen, es ist keine Hütte, sondern eine Villa." Marissa ging zu Darana und flüsterte ihr etwas ins Ohr und dann nickte sie aufgeregt. Die zwei stellten sich vor ihre Eltern und strahlten vor lauter Glück. „Mom, Dad, ich muss euch was sagen", fing Marissa an.

Darana sah zu ihren Eltern und grinste breit. „Ich muss euch auch was sagen."

Die zwei nickten sich zu. „Wir haben beide einen Antrag bekommen!", schrien die beiden überglücklich. Mr. und Mrs. Anderson und Mr. und Mrs. Jensen staunten und riefen: „Herzlichen Glückwunsch!" Ich betrachtete das Spektakel und musste nachdenken, die beiden sahen so überglücklich aus, das wollte ich auch. Doch mein Gedankengang wurde von meiner Granny unterbrochen. „Gehen wir jetzt hinein oder wollt ihr hier festfrieren?" Ich musste lachen. „Mom, wann kommen eigentlich Granny und Grandpa Larsen, ich freu mich auch schon auf Ömchen und Opa?", fragte ich meine Mutter.

„Sie müssten eigentlich jeden Augenblick kommen, sie waren dicht hinter uns, aber sie hatten einmal eine längere Pause", erklärte sie mir. Ich wollte noch etwas sagen, da kam das Auto von Ömchen und Grandpa schon die Auffahrt hochgerattert. Ich winkte ihnen zu. „Nelia, was ich mich schon immer frage, wieso sagst du zu Oma Larsen eigentlich Ömchen?", fragte mich Darana. Ich sah sie an und zuckte mit den Schultern. „Keine Ahnung, das hab ich mir vor x Jahren mal angewöhnt, so wie Oma Thomson Granny ist. „Aha, okay", antwortete Darana und sie ging Richtung Hütte.

Kapitel 14

„Hey, Ömchen!", rief ich zu ihnen hinüber. „Komm, Nelia, gehen wir hinein, derweil sie das Auto ausräumen, es wird schon kalt", sagte meine Mom und nahm mich in den Arm.

Wir gingen auch Richtung Hütte, aber kurz davor stoppten mich Darana und Marissa. „Was ist denn?", fragte meine Mom. Darana und Marissa sahen zu mir und verzogen das Gesicht. „Ach, gehen Sie schon mal rein, Mrs. Larsen, wir müssen Nelia noch etwas sagen", entgegnete Marissa. Sie nickte und ging. Die zwei sahen mich mit verschränkten Händen an. „Wir haben ein Weihnachtsgeschenk für dich", grinste Marissa. Ich sah sie verwirrt an. „Einen Brief." „Welchen Brief?", stammelte ich. Ich sah Darana an wie ein verängstigtes fünfjähriges Mädchen. „Was für einen Brief, von was redet ihr eigentlich?" „Einen voll süßen Brief", sagte Darana aufgeregt. Ich war beunruhigt. Marissa hielt mir einen Brief vor die Nasen, den sie gerade aus ihrer Jackentasche geholt hatte. Darana und Marissa standen vor mir und machten eine allwissende Pose. „Also, Nelia, das hier ist, wie gesagt, ein Brief für dich, du darfst ihn lesen, aber bitte dreh nicht durch, okay." „Langsam macht ihr mir Angst", sagte ich und riss ihr den Brief aus der Hand. Ich faltete den Zettel auseinander und fing an zu lesen.

„Liebe Nelia, bitte hör mir zu oder …" Ich las mir den ganzen Brief durch und mir schossen Tränen in die Augen. „Oh mein Gott, wie schön, wartet, wieso hattet ihr den?" „Na ja, als du so verletzt warst wegen Freja und so weiter, wollten wir dir nicht noch mehr zumuten", erklärte Marissa kleinlaut. Ich lächelte und sah zur Tür, wo Luke stand. „Luke!", rief ich. Er drehte sich zu mir um und kam zu mir. „Mein Name?" „Ich hab deinen Brief endlich bekommen, so was Schönes hat mir noch nie jemand geschrieben", flüsterte ich. Er lächelte. „Echt!?" Als ich in seine Augen blickte, war da pures Glück, aber dann sah ich auf den Boden und das Glück war verschwunden. „Was ist denn?", fragte er mich besorgt. „Komm mal bitte schnell mit, ich will mit dir alleine reden", sagte ich ihm und wir gingen zu den Autos. Mrs. Pietersen und meine Mom sahen sich interessiert an und gingen zu Marissa und Dara. „Was geht bei denen vor?", fragte meine Mom. Marissa und Dara sahen sie an. „Das, Mrs. Larsen, ist eine sehr lange Geschichte." Luke stellte sich vor mich hin. „Was willst du denn unter vier Augen besprechen?" „Also, ich muss zugeben, ich hab dich echt gern und dieser Brief ist, wie schon gesagt, sehr schön, aber ich glaube, ich hab einfach Angst, dass es nicht klappt, und dann bin ich glücklich und dann ist es vorbei oder keine Ahnung, und ich möchte, dass es klappt, wirklich, nur dass Liebe nun mal kein Weihnachtsgeschenk ist, das man einfach überreicht bekommt, sie ist plötzlich da und, und …" „Halt doch endlich den Mund", flüsterte Luke und küsste mich. Als sich unsere Lippen wieder voneinander lösten, musste ich lächeln. „Das war unerwartet." „Ich wollte einfach, dass du aufhörst, so viel nachzudenken", sagte er lächelnd. Luke nahm meine Hand und sah mich an, wie mich noch nie jemand angesehen hatte. Ich lächelte.

Doch dieser schöne Moment wurde von den anderen unterbrochen. Sie kamen zu uns hinüber und applaudierten. „Sie haben es endlich geschafft!", jubelte Miranda. Ich musste lachen. „Ihr habt uns schon wieder ausspioniert." Darana sah ganz unschuldig drein. „Nein, wir haben nur zufällig den anderen gesagt, sie sollen aus dem Fenster schauen, als ihr euch geküsst habt." Nick kam aus dem Durcheinander hervor und grinste. „Und wenn sie nicht gestorben sind, dann leben sie noch heute." Ich sah ihn verwundert an. „Wir sind hier in keinem Märchen, Nick. Hey, warte mal, das war ein ganzer dänischer Satz ohne Dialekt, er hat es geschafft, meine Damen und Herren!" „So, ich würde sagen, wir verschieben das Knutschen auf später und gehen mal essen, ich hab schon riesigen Hunger, Leute", stammelte Vincent in die Menschenansammlung.

Alle mussten lachen. „Du denkst immer ans Essen, Vince", lachte Miranda, die in Jonas Armen lag. „Oh, da haben sich zwei gefunden", sagte Marissa leicht spottend.

Wir gingen alle hinein und aßen.

Nach circa eineinhalb Stunden räumten wir den Tisch ab und fingen mit den Geschenken an. Luke ging als Erster zum Baum und nahm eine kleine Schachtel. „Nelia, das ist für dich, ich bin sicher, es wird dir gefallen." Ich lächelte. „Danke." Als ich es auspackte, stockte mein Atem und ich schrie auf. „Mein Armband, wo hast du das her!?" Er zuckte mit den Schultern. „Magie, okay? Nein, ich erzähle es dir später." „Wieso schenkt er dir dein Armband?", fragte mich Granny. Ich sah sie beschämt an. „Granny, das ist eine sehr lange Geschichte." Sie nickte langsam und beachtete es nicht weiter. „Hier, Leute, das ist für euch, ich hab nicht gewusst, was ich euch schenken soll, ich hoffe, es gefällt euch", sagte ich, als ich den anderen deren Geschenke gab. „Wir lieben es", sagten sie im Chor. Darana gab mir auch etwas. Ich packte es aus und staunte, es war ein Fotobuch von unseren Erlebnissen. Ich schickte ihr einen Luftkuss. „Danke!"

Wir feierten noch schöne Weihnachten.

Kapitel 15

Eine Woche später, an Lukes Geburtstag, stand ich früh auf. „Mann Neli, sei leise, es ist 7:00 Uhr", maulte Darana verschlafen. Ich bemühte mich, leiser zu sein und ging hinunter. Ich machte den Kühlschrank auf und holte Lukes Torte heraus. Ich hatte ihm eine Sachertorte gebacken, sie mit Ganache angestrichen und mit Pfefferminzblättern, Erdbeeren, Blaubeeren und Schokoladeranken verziert. Ich nahm die Sachertorte, rannte zu Luke hinüber und klingelte. Miranda öffnete die Tür. „Nelia, ich weiß, dass du jetzt mit meinem Bruder zusammen bist, aber ihr solltet echt Uhrzeiten ausmachen, wann ihr euch gegenseitig aufweckt, oder schlaf einfach bei ihm", sagte sie mit geschlossenen Augen. Ich lächelte sie an: „Tut mir leid, ich wollte nur die Torte herbringen, wenn jemand Geburtstag hat, bin ich so aufgeregt, als wäre es mein eigener."

Ich ging hinein und Miranda schleifte sich wieder in ihr Zimmer. Ich ging in Lukes Schlafzimmer und legte mich neben ihn. Er drehte sich zu mir und wachte langsam auf. „Guten Morgen, du 23-jähriger Opa." „Morgen, wie spät ist es?", fragte er müde. „7:15 Uhr."

„Ich hab dich lieb, aber es ist viel zu früh." „Ich weiß, tut mir leid." Nachdem ich ihn lange Zeit anstarrte, schlief ich wieder ein. Nach circa drei Stunden kamen Miranda, Jona, Darana, Marissa, Mikkel, Matteo und Nick mit dem Kuchen herein. „Happy birthday to you, happy birthday to you, happy birthday, lieber Luke, happy birthday to you!"

Luke setzte sich auf und ich fiel fast aus dem Bett. „Danke." „Die Torte ist von Nelia", sagte Marissa. Er lächelte. „Danke", sagte er und küsste mich. „Bitte", lächelte ich. Wir standen auf und gingen in die Küche. „Was machen wir heute Abend?", fragte ich. Luke, Miranda und Darana zuckten mit den Schultern.

Wir saßen ein paar Stunden da und feierten. Um circa 15:30 Uhr gingen wir wieder in die Hütte und richteten ein paar Sachen her. „Ich finde es schade, dass unsere Familien schon heimgefahren sind", sagte Marissa. Darana und ich nickten. „Ich will hier nicht mehr weg, am liebsten würde ich hier wohnen", schwärmte ich. „Die Vermieterin ist schon 82 Jahre alt, vielleicht verkauft sie es ja an uns?!", sagte Luke lächelnd. Ich sah ihn an. „Ach ja, willst du wirklich mit mir hier wohnen?" Ich grinste ihn an und biss mir auf die Unterlippe. Er lächelte und nickte.

Es vergingen noch ein paar Stunden und es wurde allmählich dunkel. Wir stellten Snacks, Drinks und Brettspiele auf den Tisch, drehten leise Musik auf, richteten draußen Raketen her und gingen wieder hinein. „Wann kommen die anderen her?", fragte Marissa. Ich sah auf die Uhr. „Sie müssten in zwei Minuten da sein." Darana stand gerade bei der Tür, als es klingelte. Sie öffnete die Tür und Luke, Miranda und Jona traten ein. „Hi, frohes neues Jahr", sagte Miranda fröhlich. „Es ist schon heftig, wie schnell die Zeit vergeht, es war gerade mal 2007 und plötzlich wird es 2014", staunte ich. „Ja, vor sieben Jahren hast du noch nicht gewusst, dass du mal einen netten, superheißen und obendrein coolsten Freund der Welt bekommst", prahlte Luke. Ich sah ihn schief an. „Echt, aber wir sind gerade erst zusammengekommen, der nette, superheiße und coolste Freund muss halt bis nächstes Jahr warten." Ich grinste. Luke lachte. „Wir haben Brettspiele und Kartenspiele vorbereitet, Sekt und Wein steht auf dem Tisch und auch ein paar Snacks", erklärte Darana. Wir saßen und alle um den Tisch und spielten *Mensch ärgere dich nicht*. „Ach, komm schon, jetzt hab ich gar keine Figur draußen, das ist unfair!", rief ich wütend. „Nelia, das Spiel heißt *Mensch ärgere dich nicht*, und nicht *Mensch ärgere dich*", lachte Luke. Ich sah ihn mit zusammengekniffenen Augen an. „In diesem Spiel sind wir keine Freunde mehr, sondern Feinde." „Nelia kann nicht verlieren, das konnte sie noch nie", lachte Marissa.

Um 23:55 Uhr packten wir alles zusammen und gingen mit dem Sekt hinaus. „Warum ist es Brauch, zu Silvester um Mitternacht seinen Freund beziehungsweise Freundin zu küssen?", fragte ich in die Runde. „Man begrüßt einfach mit einem Kuss das neue Jahr, keine Ahnung", erklärte mir Marissa. Ich nickte und sah auf die Uhr. Nur mehr zwei Minuten. Ich war sehr aufgeregt. *Es beginnt ein neues Jahr und ich hab einen Freund. Ich bin glücklich.* Ich wurde aus meinen Gedanken gerissen, als der Countdown im Radio losging. 10, 9, 8, 7, 6, 5, 4, 3, 2, 1: Frohes neues Jahr! Alle um uns herum küssten sich. Ich sah Luke lächelnd an. „Wir sollten uns dem Gruppenzwang hingeben", flüsterte Luke. Ich lachte und zog ihn an mich.

Wir spielten noch ein paar Runden Karten und tranken viel zu viel. Um 4:00 Uhr in der Früh gingen wir schlafen. Ich schlief in Lukes Armen ein und träumte etwas Schönes.

In den Tagen darauf sahen wir uns in der Nähe Attraktionen an und gingen öfters Eislaufen und Ski fahren

Am 20. Jänner fuhren wir leider wieder nach Hause, doch im Laufe des Jahres sollte sich alles ändern. Wir kontaktierten die Hausvermieterin und sie verkaufte uns die beiden Hütten. Miranda und Jona wohnten in ihrer Hütte und Marissa, Mikkel, Darana, Matteo, Luke und ich zogen in unsere schöne Riesenhütte. Ich war überglücklich. Marissa, Darana, Mikkel und Matteo feierten in unserem Garten ihre Hochzeit. Es war eine schöne Feier. Luke und ich waren immer noch glücklich und ich war mir sicher, nichts würde das ändern. Ich hatte meinen Mann fürs Leben gefunden, genau wie Darana und Marissa.

Marissa fand im Kindergarten in der Stadt eine Arbeit, Darana im Tierheim und ich konnte meine Konditorei hierher verlegen. Luke machte seinen Traum wahr und verkaufte über das Internet Comics. Unser Leben war wie ein nie endender Urlaub.

The End

Die Autorin

Melanie Pesendorfer wurde 2004 in Lilienfeld in Niederösterreich geboren. Sie absolviert derzeit das 9. Schuljahr und beginnt im September 2020 eine Lehre als Patissier.

Melanie lebt zusammen mit ihren Eltern, drei älteren Brüdern und ihrem Hund in der Steiermark, wo sie ihren Hobbys Zeichnen, Schreiben, Kochen und Backen intensiv nachgeht. Ihren ersten Roman begann sie im Jahr 2018 und beendete diesen 2019.

novum ▲ VERLAG FÜR NEUAUTOREN

Der Verlag

„ *Wer aufhört
besser zu werden,
hat aufgehört
gut zu sein!*

Basierend auf diesem Motto ist es dem novum Verlag ein Anliegen neue Manuskripte aufzuspüren, zu veröffentlichen und deren Autoren langfristig zu fördern. Mittlerweile gilt der 1997 gegründete und mehrfach prämierte Verlag als Spezialist für Neuautoren in Deutschland, Österreich und der Schweiz.

Für jedes neue Manuskript wird innerhalb weniger Wochen eine kostenfreie, unverbindliche Lektorats-Prüfung erstellt.

Weitere Informationen zum Verlag und
seinen Büchern finden Sie im Internet unter:

w w w . n o v u m v e r l a g . c o m